JE DÉTO[illegible]QUE MON FOIE, C'EST PARTI !

Christopher Vasey

jouvence
EDITIONS

Dans la collection « C'est parti ! C'est fini ! »
aux Éditions Jouvence :

Réduire les ondes électromagnétiques, c'est parti !, Carl de Miranda
Le réflexe médicament, c'est fini !, Isabelle Doumenc
Les crises d'angoisse et de panique, c'est fini !, Christophe Tissier

Catalogue gratuit sur simple demande.

ÉDITIONS JOUVENCE

France : BP 90107 – 74161 Saint-Julien-en-Genevois Cedex
Suisse : CP 227 – 1225 Chêne-Bourg (Genève)
Site internet : www.editions-jouvence.com
E-mail : info@editions-jouvence.com

ISBN 978-2-88911-703-1

Suivi éditorial : Christine Cameau
Composition : Virginie Cauchy
Correction : Florence Le Grand
Couverture : Atelier Didier Thimonier
Illustrations : Rosalie Vasey

L'auteur

Christopher Vasey, naturopathe et auteur, exerce à Chamby-Montreux, en Suisse. Après des études dans une école de naturopathie de Paris sous la direction de Pierre-Valentin Marchesseau et d'Alain Rousseaux, il ouvre son cabinet de consultation en 1979. Dès 1988, il publie régulièrement des livres de médecine naturelle aux éditions Jouvence, dont *Manuel de détoxication, L'Équilibre acido-basique, Les Anti-inflammatoires naturels*... Une partie de ses livres ont fait l'objet de traductions, entre autres en anglais, allemand, espagnol, portugais, italien, russe, arabe, chinois... Par ailleurs, Christopher Vasey donne des conférences et participe à des salons du livre et de médecine naturelle, ainsi qu'à des émissions de radio et de télévision.

Site de l'auteur : www.christophervasey.ch

Du même auteur aux Éditions Jouvence :

Se libérer de la constipation, 2015
Détox, 2015
Alternatives naturelles aux antibiotiques, 2014
Quand le corps a soif, 2014
Manuel de détoxication, 2014
Les Anti-inflammatoires naturels, 2013
La Cure de petit-lait, 2013
Gérez votre équilibre acido-basique, 2012
Les Compléments alimentaires naturels, 2012
L'Équilibre acido-basique, 2011
Petit Traité de naturopathie, 2011
Détoxication optimale, 2011
Les Cures de santé, 2010
Manuel de diététique, de nutrition et d'alimentation saine, 2009
La Fièvre, une amie à respecter, 2008
Remèdes de grand-maman, 2008
Un hiver sans grippe, 1997

Je m'appelle…

....

et je m'engage à…

....

....

....

....

....

Autodiagnostic

J'ai régulièrement du mal à digérer	☒ oui	☐ non
Les œufs, les pâtisseries… me donnent des nausées	☐ oui	☒ non
J'ai tendance à somnoler après les repas	☒ oui	☐ non
J'ai la bouche pâteuse au réveil	☐ oui	☒ non
J'ai souvent une mauvaise haleine	☐ oui	☒ non
J'ai régulièrement des gaz et des ballonnements	☒ oui	☐ non
Je souffre de constipation	☐ oui	☐ non
J'ai des hémorroïdes	☒ oui	☐ non
Le blanc de mes yeux est légèrement jaune	☐ oui	☒ non
La fatigue et le manque d'entrain m'accompagnent tout au long de la journée	☒ oui	☐ non
Régulièrement, j'ai des maux de tête	☐ oui	☒ non
Quand je mange trop, j'ai des démangeaisons	☐ oui	☒ non
J'aime les grands repas	☐ oui	☒ non
Je mange souvent des fritures ou des plats avec sauce	☐ oui	☐ non
Je bois régulièrement de l'alcool	☐ oui	☒ non
Je fume	☐ oui	☒ non

Analyse des réponses :

De 0 à 2 oui : votre foie fonctionne bien, mais vous apprendrez plein de choses utiles dans cet ouvrage pour que cela continue !

De 3 à 5 oui : votre foie a de la peine à suivre, il serait bien que vous le détoxiquiez.

À partir de 6 oui : votre foie est débordé, dépêchez-vous de le détoxiquer !

AVERTISSEMENT

Les maladies hépatiques mal soignées peuvent avoir des conséquences graves pour la santé. Les conseils donnés dans ce livre n'entendent pas se substituer aux soins et au suivi d'un thérapeute compétent. Dans le doute et dans les cas graves, il faut toujours s'en remettre à l'homme de l'art.

Sommaire

Introduction

J'ai régulièrement des problèmes digestifs. Bien des repas ne passent pas. Je me sens lourd et j'ai une barre sur l'estomac, parfois aussi des maux de tête. Je suis souvent fatigué et manque d'élan. En plus, j'ai des boutons et une partie du temps je suis constipé...

STOP ! Combien de temps allez-vous supporter tous ces maux ? Vous croyez peut-être qu'ils sont inévitables, mais ce n'est pas le cas. Ils ne sont que les symptômes d'un foie surchargé. Ce qu'il vous faut, c'est détoxiquer votre foie. En le débarrassant de tous les déchets, graisses et toxiques qui l'encombrent, vous le régénérez. Vous vous débarrasserez ainsi de tous ces troubles et vous retrouverez votre santé et votre vitalité !
La santé du corps dépend du bon fonctionnement de tous ses organes. Qu'un seul d'entre eux s'affaiblisse et c'est tout l'organisme qui en pâtit. Cependant, malgré l'importance vitale de chaque organe, il semble possible de dire que le foie joue un rôle plus important que les autres.

Avec plus de 500 fonctions différentes, le foie surpasse les autres organes.

Le foie est en pole position pour faire face aux toxines et toxiques provenant de l'extérieur, il est le grand protecteur et défenseur du corps. S'il ne remplit pas son rôle, le terrain organique se sature de plus en plus de ces substances indésirables. D'après la médecine naturelle, cette accumulation de substances nocives est le point de départ de la plus grande partie de nos maladies, car le corps est agressé et empêché de fonctionner correctement.

À notre époque de suralimentation, de surmédication, de pollution et où la consommation de stimulants est répandue, le foie est très fortement sollicité. Chez une majorité de gens, il est surmené, affaibli, voire malade. L'augmentation des troubles cardio-vasculaires, allergiques, immunitaires à laquelle nous assistons de nos jours est en relation directe avec la difficulté qu'éprouve le foie à faire face à la masse des toxines et toxiques. Un foie débordé est un foie congestionné par des déchets. C'est donc en détoxiquant le foie qu'on le soutient et l'aide à se régénérer et, par là, qu'on protège le corps entier.

Ce livre s'adresse aux personnes souffrant de troubles digestifs liés au foie, mais également, et surtout, à toutes celles qui, atteintes d'autres maladies, sont conscientes du rôle primordial du foie pour se guérir.
Dans une première partie, ce livre explique l'importance de la détoxication pour retrouver la santé, en abordant les notions de terrain, de toxines, d'émonctoires et de drainage. Ces explications sont suivies d'une présentation du foie et de son fonctionnement.

Un mauvais fonctionnement du foie a de nombreuses conséquences néfastes et, avec le temps, graves. Il est donc primordial de veiller à ce qu'il fonctionne bien. Les dysfonctionnements du foie étant dus à la congestion de celui-ci par les toxines et les toxiques, le traitement passe avant tout par la **détoxification** du foie. Dans la deuxième partie du livre sont abordés les différents moyens, efficaces et facilement applicables, de détoxiquer son foie. Vous trouverez, à la fin, des exemples de cures à réaliser soi-même chez soi. Tout le monde peut les suivre. En cas de doute, il faut s'adresser à un thérapeute compétent.

Quiz

1/ Le foie est-il un organe uniquement digestif ?
☐ oui ☒ non

2/ Selon vous, combien de fonctions possède votre foie ?
☐ 1 ☐ 48 ☒ 500

3/ Quel est le pourcentage de l'alcool que vous buvez qui est neutralisé par le foie ? ☐ 15 % ☐ 50 % ☒ 95 %

4/ Le foie élimine-t-il les toxines dans la bile ?
☒ oui ☐ non

5/ Quelle quantité de bile le foie produit-il quotidiennement ? ☐ 0,2 l ☐ 0,5 l ☒ 1 l

6/ Le foie est-il capable de tuer des microbes ?
☒ oui ☐ non

7/ Le travail du foie est-il stimulé par un apport de chaud ?
☒ oui ☐ non

8/ Le tabac est-il nocif pour le foie ? ☐ oui ☒ non

9/ Le foie est-il capable de neutraliser des poisons ?
☒ oui ☐ non

10/ Manger gras fatigue-t-il le foie ? ☒ oui ☐ non

11/ Peut-on stimuler le foie grâce à des plantes médicinales ?
☒ oui ☐ non

12/ Le foie a-t-il une influence sur la glycémie ?
☐ oui ☒ non

Réponses :

1/ non ; **2/** 500 ; **3/** 95 % ; **4/** oui ; **5/** 1 l ; **6/** oui ; **7/** oui ; **8/** non ; **9/** oui ; **10/** oui ; **11/** oui ; **12/** non

Analyse des réponses :

De 1 à 4 réponses justes : vos connaissances sont encore limitées, mais le livre que vous avez entre les mains vous aidera à mieux connaître votre foie.

De 5 à 8 réponses justes : vous êtes dans la moyenne, mais vous pouvez continuer à apprendre.

De 9 à 12 réponses justes : bravo, vous en savez déjà beaucoup, cet ouvrage vous aidera à parfaire vos connaissances.

AVERTISSEMENT

À propos des termes toxines et toxiques

À proprement parler, le terme **toxine** ne devrait être utilisé que pour les déchets produits par le corps lui-même et non pour les poisons provenant de l'extérieur (métaux lourds de la pollution chimique, par exemple), qui sont désignés par le terme **toxique**.

Dans le langage courant cependant, et dans un but de simplification, le mot toxine est aussi employé dans un sens général, pour désigner l'ensemble des substances nuisibles au corps, donc aussi bien les toxines que les toxiques.

Dans ce livre, nous nous conformerons à cet usage. Nous n'utiliserons donc le mot toxique que lorsqu'il s'agira spécifiquement et exclusivement de toxiques, ou qu'il est nécessaire de le mettre en évidence.

1

COMPRENDRE LE FOIE ET SON FONCTIONNEMENT

CHAP. 1

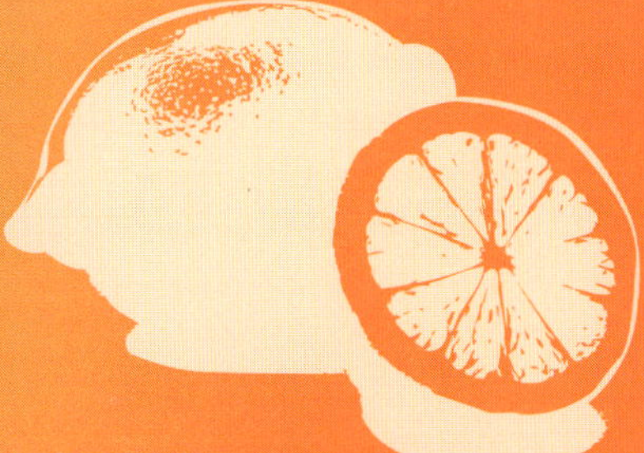

POURQUOI DÉTOXIQUER ?

La détoxication de l'organisme en général, et du foie en particulier, occupe une place primordiale en naturopathie. La valeur de ce procédé thérapeutique ne se révèle que si l'on se familiarise avec la notion de terrain, telle qu'elle est expliquée en médecine naturelle.

La notion de terrain

Notre corps est un ensemble de cellules. En se regroupant, celles-ci forment nos organes. Les cellules sont les plus petites « unités de vie » en nous. Elles possèdent leurs propres organes (les organites) qui leur permettent de respirer, de produire de l'énergie, d'éliminer les déchets, de se reproduire, et d'envoyer et de réceptionner des messages. C'est parce qu'elles sont actives que le corps fonctionne.

LE SAVIEZ-VOUS ?

Les cellules sont toutes construites sur le même modèle de base, mais se différencient les unes des autres selon leur fonction. On distingue ainsi les cellules rénales, hépatiques, intestinales, osseuses, musculaires, nerveuses… ; les globules rouges et blancs, les ovules, les spermatozoïdes…

Comme tout être vivant, les cellules ne peuvent survivre que dans un environnement qui leur est favorable. Cet environnement est liquide et non solide. Il représente 70 % du poids du corps et constitue ce que l'on appelle **le terrain**. Il est formé de différents liquides.

Une partie d'entre eux sont en contact avec les cellules :

- *Le sérum intracellulaire*, appelé ainsi car il remplit l'intérieur des cellules. Notre organisme est avant tout composé de ce sérum, puisque celui-ci représente 50 % du poids du corps.
- *Le sérum extracellulaire*, ou liquide interstitiel, est à l'extérieur des cellules. Il constitue l'environnement extérieur direct de la cellule. Il représente 15 % du poids du corps.

L'autre partie des liquides appartient au terrain, mais n'est pas en contact direct avec les cellules :

- *Le sang* qui circule dans les vaisseaux sanguins.
- *La lymphe* qui se déplace dans les vaisseaux lymphatiques.

Ensemble, ces deux liquides représentent 5 % du poids du corps.

LE SAVIEZ-VOUS ?

30 % du poids du corps seulement est constitué de particules solides, principalement de sels minéraux : calcium, magnésium, potassium… Les hautes concentrations de particules solides se trouvent dans le squelette, la boîte crânienne, les ongles, les cheveux, les tendons… Les sels minéraux entrent aussi dans la composition des parois des cellules, des tissus et des organes.

Les cellules sont entièrement dépendantes du milieu dans lequel elles se trouvent. La composition de ces liquides organiques est donc primordiale pour les cellules, car ils représentent leur milieu vital.

Une composition idéale

Or, il faut savoir qu'**il existe une composition idéale du terrain pris dans son ensemble qui donne une vitalité et une résistance maximum aux cellules et aux organes, c'est-à-dire la santé.** Cette composition n'est pas connue précisément, mais elle est quelque chose sur laquelle appuyer nos réflexions sur la santé. Une conséquence fondamentale de cet état de fait est que **toute modification de cette composition**

compromet la santé et amène la maladie. (Voir aussi, du même auteur : *Petit Traité de naturopathie*.)
La composition du terrain se modifie principalement parce que des substances se surajoutent à sa composition idéale. Ce sont soit des substances qui se trouvent normalement dans le terrain mais pas en quantités si élevées (acide urique, urée…), soit des substances qui n'entrent pas dans la composition normale du terrain (polluants, additifs alimentaires…). Cette accumulation de toxines qui surchargent le terrain est, d'après la médecine naturelle, la cause profonde des maladies. Il en résulte que, fondamentalement, la guérison ne s'obtient que par l'élimination de ces toxines.
Le terrain peut également se modifier si des substances font défaut à sa composition idéale. Ce sont des substances comme des vitamines, des minéraux, des oligoéléments… qui sont normalement présentes dans le terrain, mais qui, pour une raison ou une autre, y sont temporairement en quantité trop faible. Ces manques en nutriments conduisent aux maladies de carences. Celles-ci se soignent en donnant au corps les nutriments manquants, par le biais de l'alimentation ou de la prise de compléments alimentaires naturels.

Comment les toxines rendent-elles malade ?

En s'accumulant dans le corps, les toxines le rendent malade de multiples manières.
Le sang s'épaissit, il devient plus dense et lourd, et ne circule plus aussi facilement dans les vaisseaux. Les déchets charriés par le sang pénètrent dans la lymphe et les sérums

cellulaires. Plus l'encrassement dure, plus ces liquides se salissent également. Avec le temps, les cellules peuvent baigner dans un véritable marécage, dont la masse inerte paralyse tous les échanges. Les apports d'oxygène et de substances nutritives ne parviennent plus jusqu'aux cellules. Dans ces conditions, les cellules n'accomplissent plus leur travail, les organes qu'elles constituent non plus. L'activité des cellules diminue, puis s'interrompt plus ou moins.

Les vaisseaux sanguins voient leurs parois se tapisser de déchets. Cela rétrécit leur diamètre et ralentit les possibilités circulatoires, l'irrigation des tissus et les échanges.

Les organes, en accumulant des déchets, se congestionnent, ce qui diminue leur possibilité de travail. Les articulations se bloquent, les reins se bouchent et éliminent mal, la peau se ferme et… le foie se congestionne.

Les tissus et muqueuses sont irrités par les déchets. Ils s'enflamment et à la longue se sclérosent. Ils deviennent également réceptifs aux infections. Des mutations cellulaires néfastes s'opèrent (cancer).

Les effets nocifs des toxines sont dus à :

- *Leur masse.* Celle-ci encombre, gêne, bloque… les vaisseaux, les cellules.
- *Leur agressivité.* Elle irrite, enflamme, tue… les cellules.

Maladies par surcharge en toxines

Il n'est pas seulement logique que les toxines soient à la base des maladies, c'est également un fait qui peut facilement être observé. La raison en est que **le corps ne reste pas passif**

face à l'accumulation de toxines mais cherche à s'en débarrasser. Les maladies sont donc en même temps dues aux dégâts occasionnés par la présence des toxines et aux tentatives du corps de les rejeter vers l'extérieur.

Dans les **maladies respiratoires**, on se mouche, tousse ou expectore pour se débarrasser de substances qui encombrent les alvéoles (asthme), les bronches (bronchites), la gorge (toux), les sinus (sinusite) ou le nez (rhume).

Tous les **problèmes de peau** sont dus au rejet, soit de substances acides par les glandes sudoripares (eczémas secs, crevasses), soit de déchets colloïdaux par les glandes sébacées (acné, furoncles, peau grasse, eczéma suintant).

La présence de substances alimentaires en excès au niveau de l'estomac et des intestins provoque régurgitations, indigestions, nausées, vomissements ou diarrhées ; ou lorsque ces substances sont irritantes ou fermentent l'inflammation des muqueuses digestives (gastrite, entérite, colite), ou encore la production de gaz (aérophagie, ballonnements).

ATTENTION

Les fermentations et putréfactions intestinales produisent des substances toxiques et irritantes : l'indol, le phénol, le sulfite d'hydrogène, le méthane, les ptomaïnes... qui agressent et enflamment les muqueuses intestinales.

Les **articulations des rhumatisants** sont enflammées, bloquées, douloureuses et déformées par la présence de « cristaux ».

Les **maladies cardio-vasculaires** sont dues à la présence de substances excédentaires (cholestérol, acide gras) qui

épaississent le sang, se déposent sur les vaisseaux (artériosclérose), enflamment les parois (phlébite), les déforment (varices) ou les bouchent (infarctus, attaque cérébrale, embolie).
Dans les **maladies rénales**, les substances incriminées sont des déchets protéiques ; dans le cas d'obésité : la graisse ; dans le diabète : le sucre ; dans le cancer : les substances cancérigènes ; dans les allergies : les allergènes ; dans les ulcères d'estomac : les acides gastriques ; dans la goutte : l'acide urique, etc.

« La santé résulte de l'équilibre entre la production et l'élimination des poisons et résidus. »
Robert Masson, naturopathe français

D'où viennent les toxines ?

Une partie des toxines présentes dans le corps provient de l'usure des tissus eux-mêmes. Journellement, le corps doit éliminer des débris de cellules usées, des cadavres de globules rouges, des minéraux usés, etc. La grande partie des toxines, cependant, provient de l'utilisation des substances alimentaires par le corps. Les protéines donnent de l'acide urique et de l'urée, le glucose de l'acide lactique, les graisses, divers acides et du cholestérol, etc.
La production de ces toxines est normale et le corps est équipé pour les éliminer.

En cas de suralimentation cependant, le taux de toxines dépasse les normes.

Il y en a beaucoup plus que ce qui serait normal. L'excès de toxines est d'autant plus grand que l'on mange beaucoup.

Par conséquent, à notre époque de suralimentation, le corps reçoit et produit de très nombreuses toxines. Malheureusement, la masse de toxines présentes finit par dépasser les capacités éliminatoires de l'organisme. **Une grande partie des toxines restent alors dans le corps à la place d'être éliminées et elles s'accumulent dans le terrain.**

Et les toxiques, alors ?

Contrairement aux toxines, les toxiques ne devraient absolument pas se trouver dans l'organisme. Ce sont des substances totalement étrangères au fonctionnement du corps et qui lui sont nocives, d'où leur nom de toxiques. Il s'agit de tous les poisons chimiques issus de la pollution de l'air, de l'eau et du sol (plomb, cadmium, mercure…). En font aussi partie certains additifs alimentaires, la plupart des insecticides, fongicides, etc. avec lesquels sont traitées les cultures, ainsi que le tabac, les drogues, certains médicaments et vaccins. Cette pollution chimique est courante de nos jours.

Les toxiques sont cependant difficiles à éliminer car le corps n'est pas censé les recevoir et n'a pas été préparé pour les éliminer. Grâce à ses capacités détoxicantes, l'organe le plus à même de les neutraliser et de les éliminer est le foie.

Les sources de toxines et toxiques classées par leur voie d'entrée

Les toxines pénètrent donc dans le corps par trois voies :

Tube digestif : les aliments

- Suralimentation en sucre, graisses, protéines, sel…
- Les additifs alimentaires : colorants, agents conservateurs, anti-rance…
- Les insecticides, fongicides… dans les aliments.
- Les médicaments, antibiotiques… subsistant dans les produits animaux.
- Les drogues et médicaments.
- La pollution de l'eau et des cultures.

Voies respiratoires

- L'air pollué (usine, voiture…).
- L'air riche en particules fines.
- La fumée de tabac.

Voie cutanée

- Les cosmétiques, talcs, crèmes, teintures pour cheveux, poudres, désodorisants… non physiologiques et non bio, peuvent contenir des substances nocives.

LE SAVIEZ-VOUS ?

La suralimentation ne conduit pas seulement à des surcharges pondérales, mais aussi à des surcharges en toxines. Cependant, une surcharge en toxines peut se faire sans prise de poids.

Les émonctoires, portes de sortie des toxines

Pour maintenir la pureté du terrain, le corps dispose de cinq organes qui filtrent les toxines hors du sang et les rejettent vers l'extérieur. Il s'agit du foie, des intestins, des reins, de la peau (avec ses glandes sudoripares et sébacées) et des poumons.

Ces organes sont nommés émonctoires car ils sont des **portes de sortie pour les toxines.**

Lorsque ces organes travaillent tous normalement et que la production et l'apport des toxines ne sont pas trop élevés, le terrain reste propre. Les cellules peuvent fonctionner correctement car les émonctoires éliminent les toxines au fur et à mesure de leur arrivée.

En revanche, lorsque les toxines sont trop nombreuses, les émonctoires sont vite dépassés et le terrain accumule progressivement des toxines. Si, de plus, les émonctoires sont « paresseux » ou déficients, les toxines s'accumulent d'autant plus, et la maladie apparaît.

Les 5 émonctoires :

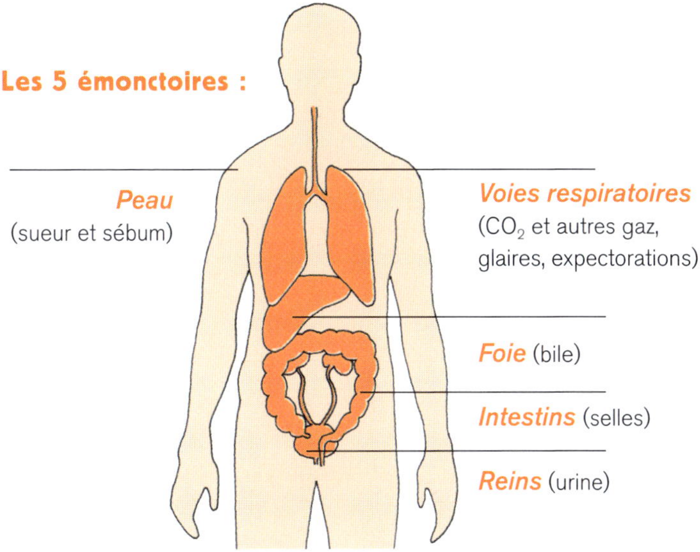

Le drainage des toxines

Si la maladie est due à l'accumulation de toxines dans l'organisme, la thérapie, pour être logique, se doit de chercher à les éliminer de l'organisme. Celle élimination volontaire des toxines se fait par des drainages (voir, du même auteur, *Manuel de détoxication*).

Un drainage consiste à stimuler le travail des différents émonctoires dont dispose le corps afin d'intensifier le filtrage des toxines hors du sang et leur élimination vers l'extérieur.

La stimulation des émonctoires se fait par divers moyens, appelés draineurs – aliments, plantes médicinales, massage, hydrothérapie… –, qui ont la faculté d'intensifier l'élimination par un émonctoire.

Les émonctoires que sont le foie, les intestins, les reins, la peau et les poumons sont le biais indispensable au drainage. Dans les cures de drainage, tous les efforts sont portés sur eux et visent à rétablir des éliminations normales si celles-ci étaient insuffisantes ou, mieux encore, **à augmenter cette élimination pendant une certaine période, afin de rattraper le retard.**

Un drainage est donc caractérisé par une élimination accrue de déchets par les émonctoires. Cette élimination accrue doit être visible par la personne qui fait la cure : les matières évacuées par les intestins sont plus abondantes ou l'évacuation plus régulière ; les urines prennent une couleur plus foncée parce qu'elles se chargent de déchets et surtout augmentent en volume ; la peau sue plus abondamment ; les voies respiratoires se libèrent des déchets colloïdaux qui les encombrent.

À cette élimination visible des déchets correspond une diminution du taux de toxines contenues dans les tissus. Peu à peu, le terrain redevient propre et, par conséquent, les symptômes de la maladie diminuent, puis disparaissent progressivement. Les organes peuvent fonctionner à nouveau correctement car ils ne sont plus encombrés de toxines.

Les possibilités de guérison dépendent évidemment de l'ampleur des dégâts déjà infligés aux organes par les déchets et aussi de la capacité de régénération de ces organes.

Le rôle du foie

Le foie n'est qu'un des cinq émonctoires existants. *A priori*, il n'occupe pas un rang supérieur aux autres. Mais, comme nous allons le voir, il a une place tout à fait particulière.

Tout comme les autres émonctoires, le foie élimine de nombreuses toxines. Cependant, ce qu'il fait en plus, c'est neutraliser les toxiques. Les autres émonctoires n'en sont pas capables ou, certains, dans une faible mesure seulement.

ATTENTION

Si le foie a pour mission d'éliminer les toxines et les toxiques, il peut lui-même être surchargé par ceux-ci.

Ainsi, si un des émonctoires doit bien fonctionner, c'est le foie. Et si un malade doit stimuler un émonctoire, le plus souvent c'est le foie qui est le plus indiqué. Beaucoup de choses dépendent donc du foie. Or, si ce dernier doit éliminer les toxines et toxiques, il peut lui-même être surchargé par ceux-ci. Ces derniers compromettent son bon fonctionnement et il faut le détoxiquer en priorité pour éviter de mettre en danger la santé du reste du corps.

EN RÉSUMÉ

Les maladies sont dues à une accumulation de toxines.

Le foie est un des organes clés pour éliminer.

Le foie est capable de neutraliser les toxines, mais aussi les toxiques.

CHAP. 2

ANATOMIE DU FOIE

Pour s'occuper correctement de son foie, il faut bien le connaître. De quoi a-t-il l'air ? Où se situe-t-il dans l'organisme et quelle est sa relation avec les autres organes ?

«Le foie, cet organe suprême de notre métabolisme.»

Dr Sandra Cabot, Australie

À la découverte du foie

Le foie se trouve sous le diaphragme, ce muscle en forme de coupole qui sépare d'une part les poumons et le cœur et, d'autre part, les organes abdominaux : reins, intestins… et foie. Ce dernier est situé sous le poumon droit et au-dessus d'une partie de l'intestin grêle. Organe de première importance, le foie est entièrement protégé des chocs extérieurs par les côtes. De ce fait, seule une toute petite partie du foie peut être palpée en glissant les doigts sous la cage thoracique.

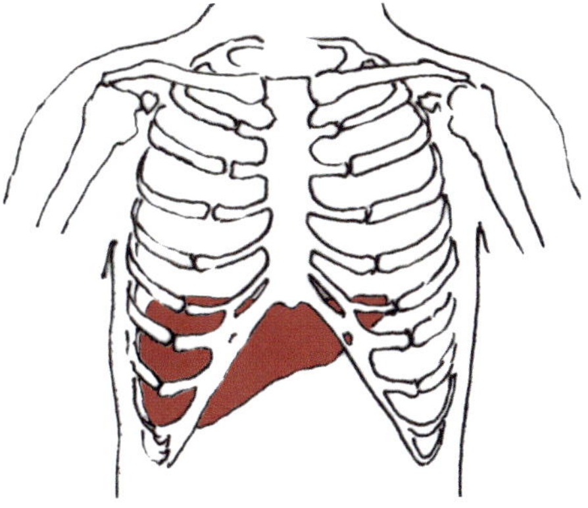

Localisation du foie dans le thorax.

Le foie est l'organe le plus volumineux du corps. Il mesure 28 cm de gauche à droite, 16 cm d'avant en arrière et 8 cm de haut. En comparaison avec les reins qui sont gros comme un poing humain, le foie a un volume environ 6 fois plus élevé. Son poids est de 2,5 kilos lorsqu'il est gorgé de sang dans un corps vivant, 1,5 kilo dans un cadavre. Le foie a une couleur rouge brun. Sa surface est lisse et sa consistance ferme.

Foie et système circulatoire

La glande hépatique est reliée au système circulatoire par trois vaisseaux : la veine porte, l'artère hépatique, l'artère sus-hépatique. Deux y pénètrent pour lui apporter du sang, le troisième en ressort pour reconduire le sang vers la circulation générale.

LE SAVIEZ-VOUS ?

Les capillaires

Ce sont des vaisseaux sanguins extrêmement fins, on les dit fins comme des cheveux (*capillaris* en latin). En fait, ils ont un diamètre de 10 millièmes de millimètre, c'est-à-dire 7 fois plus petit qu'un cheveu.

La veine porte

Les capillaires situés dans les parois des intestins se rejoignent pour former la veine porte qui aboutit au foie. **Le rôle des capillaires est de puiser les nutriments contenus dans le bol alimentaire.** Si la perméabilité des muqueuses intestinales est trop élevée, parce qu'elles ont été blessées par des toxines agressives, les capillaires absorbent également des substances nocives qui accompagnent les aliments.

Le sang coulant dans la veine porte transporte, selon le cas :

- Des nutriments (acides aminés, glucose, vitamines…),
- Des additifs alimentaires (agents conservateurs…),
- Des produits de traitement (herbicides, insecticides…),
- Des polluants (métaux lourds…),
- Des toxiques résultant des fermentations et putréfactions intestinales,
- Des médicaments et des drogues.

Étant donné que la majeure partie des substances pénètre dans le corps par les voies digestives et est transportée ensuite par la veine porte au foie, ce dernier est **le premier rempart défensif face aux molécules provenant de l'extérieur, le premier organe qui puisse agir comme filtre sélectif vis-à-vis d'elles.**

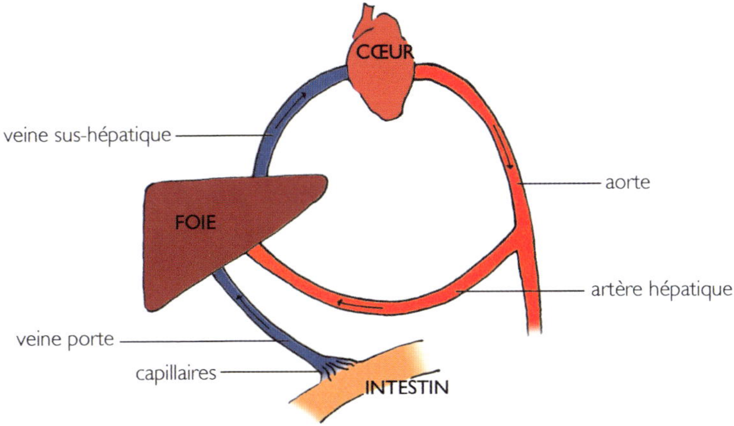

Le foie et le système circulatoire.

L'artère hépatique

L'aorte, qui sort du cœur avec un sang riche en oxygène, se divise en plusieurs branches. L'une d'entre elles est l'artère hépatique. Cette dernière amène au foie l'oxygène dont il a besoin pour fonctionner correctement.

À RETENIR !

L'apport total de sang au foie est réalisé à :
- 25 % par l'artère hépatique,
- 75 % par la veine porte.

La veine sus-hépatique

Après avoir pénétré dans le foie, la veine porte et l'artère hépatique se ramifient en vaisseaux très fins, les **capillaires sinusoïdes**. Ces derniers mettent le sang en contact intime avec les **cellules hépatiques**. Le rôle de celles-ci est de prélever les substances nutritives contenues dans le sang, mais également de le débarrasser des substances indésirables. Les capillaires sinusoïdes se rejoignent ensuite pour former la veine sus-hépatique qui se prolonge par la veine cave inférieure et rejoint le cœur et, de là, la circulation générale.

Le sang qui circule dans la veine sus-hépatique transporte :

- Les nutriments que le foie doit laisser passer tels quels, car ils sont déjà prêts à être utilisés par les cellules,
- Les nutriments que le foie a transformés pour les rendre utilisables,
- Quelques toxines seulement, puisque le rôle du foie est de les filtrer hors du sang et de les éliminer dans la bile.

Chaque minute, 1,5 litre de sang traverse le foie, soit le quart du débit sanguin total, d'où l'importance de cette glande.

Foie et système digestif

Le foie est relié au système digestif par les voies biliaires. Les toxines du sang circulant dans les capillaires sinusoïdes sont extraites par les cellules hépatiques. Cela fait, ces dernières les rejettent sous forme de bile dans des minuscules conduites, les **canalicules biliaires**.

Ceux-ci se rejoignent pour former les canaux hépatiques gauche et droit qui drainent chacun une moitié correspondante du foie.

Ces deux canaux convergent pour former le **canal hépatique** qui quitte le foie et se prolonge par le **canal cholédoque**. Celui-ci aboutit au **duodénum**, qui est situé directement à la sortie de l'estomac. Le duodénum est le début de l'intestin grêle. L'extrémité du canal cholédoque est munie d'un sphincter, le **sphincter d'Oddi**, qui règle le passage de la bile. Au point de jonction du canal hépatique et du canal cholédoque, se trouve le **canal cystique**. Il amène une partie de la bile à la **vésicule biliaire** qui est une poche dans laquelle est stockée la bile nécessaire à la digestion des graisses du prochain repas.

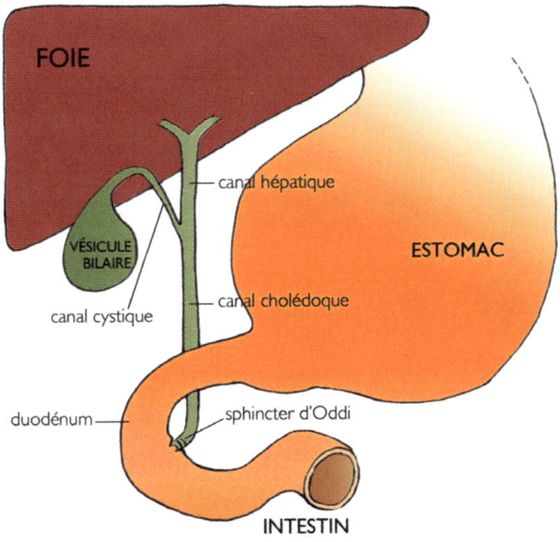

Les voies biliaires.

La bile qui parvient à l'intestin contient donc :

- Les sucs digestifs nécessaires à la digestion des graisses,
- Les toxines neutralisées par le foie et qui seront éliminées hors de l'organisme avec les selles.

Foie et intestins

Une étroite relation existe entre le foie et les intestins, par le biais de la veine porte. Toute déficience de l'un de ces deux organes a des répercussions sur l'autre.
Ce qui est absorbé du contenu intestinal est transporté directement au foie par la veine porte. Il s'agit de nutriments, mais également de toxines. Or, la quantité de toxines amenées au foie dépend fortement de l'état des intestins.

LE SAVIEZ-VOUS ?

Plus qu'aucun autre organe, le foie est capable de reconstruire une partie, même très importante, de ses tissus, si ceux-ci ont été détruits ou enlevés chirurgicalement. Dans le meilleur des cas, la suppression de 75 % de la masse hépatique n'empêche pas le foie de reconstruire les tissus manquants. En quatre mois, le foie retrouvera sa forme et son poids habituels.

Lorsque le transit intestinal est normal (une selle par jour) et que les muqueuses intestinales qui font office de filtre face aux déchets sont en bon état, cette quantité est minime. La situation change lorsque les intestins ne fonctionnent pas correctement. Un ralentissement du transit intestinal augmente le temps pendant lequel les toxines sont en contact avec les muqueuses intestinales, donc le temps où elles peuvent être absorbées. Ainsi, trop de toxines pénètrent dans le sang et gagnent le foie. Les quantités seront d'autant plus élevées que les intestins sont paresseux, autrement dit que le sujet est fortement constipé.
Le contact prolongé des toxines avec les muqueuses intestinales augmente aussi le temps pendant lequel toxines et toxiques

peuvent blesser les parois intestinales. Les microlésions qui en résultent sont autant de portes grandes ouvertes par lesquelles ces substances indésirables pénètrent dans le sang et sont ensuite transportées vers le foie.

Ainsi, le foie s'épuise, il s'affaiblit et ne produit plus assez de bile. Des répercussions néfastes en résultent : manquant de bile, le transit intestinal ralentit.

Or, plus le transit ralentit, plus les toxines sont absorbées et conduites au foie. Un véritable cercle vicieux s'installe.

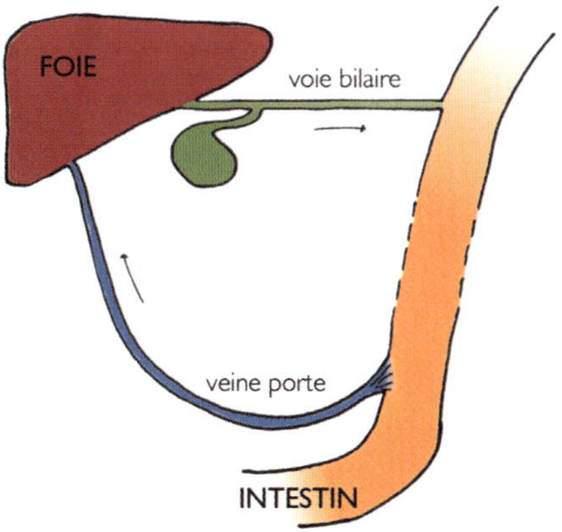

Le foie et les intestins.

EN RÉSUMÉ

Le foie se trouve dans la partie droite du thorax.

Il est l'un des organes les plus volumineux et importants du corps.

Il est le premier organe que rencontrent les substances absorbées par les intestins.

CHAP. 3

RÔLE ET FONCTIONNEMENT DU FOIE

« Le foie est une usine miraculeuse. »

Pierre-Valentin Marchesseau, naturopathe, France

Les multiples fonctions du foie peuvent être ramenées à deux fonctions générales :

- *Produire de nombreuses molécules nécessaires à l'organisme (nutrition),*
- *Débarrasser le corps de tous les toxines et agresseurs qui le menacent (élimination et défense).*

LE SAVIEZ-VOUS ?

Foie et chaleur

Les nombreuses activités du foie sont productrices de chaleur et élèvent sa température. Celle-ci est de 39 °C à 41 °C, donc plus haute que le reste de l'organisme. Si nous mangeons beaucoup, elle augmente encore et se communique au reste du corps. C'est la raison pour laquelle nous avons chaud lorsque nous mangeons un repas copieux.

Un organe aux multiples fonctions

Le foie remplit plus de **500 fonctions**. Aucun organe ne réalise autant de travaux différents que le foie. Une prouesse supplémentaire : il peut effectuer cette multitude de tâches **simultanément**.

LE SAVIEZ-VOUS ?

L'importance du foie pour la vie se révèle dans son étymologie. En anglais, le mot foie (*liver*) est très proche du mot vivre (*live*). Il en va de même en allemand : le foie (*Leber*) et la vie (*Leben*) sont très proches.

Stockage du glucose et réglage de la glycémie

Le carburant énergétique qu'utilisent les cellules est le sucre appelé glucose. L'apport de **glucose** par les aliments n'étant pas continu puisqu'un espace de temps sépare les différents

repas, le foie transforme le glucose en **glycogène**. Il le stocke dans ses propres tissus, comme réserve, afin de pouvoir en fournir au sang dès que cela s'avère nécessaire. À chaque baisse de la glycémie, le foie reconvertit du glycogène en glucose qu'il déverse dans le sang, afin de maintenir la glycémie optimum pour le fonctionnement du corps. Sans foie, nous serions donc régulièrement en panne énergétique. Si les aliments n'amènent pas assez de glucides à transformer en glycogène, le foie en fabriquera à partir de graisses ou de protéines.
Lorsque, au contraire, l'apport de glucides est trop important et que les réserves de glycogène sont pleines, les sucres excédentaires sont stockés dans le foie sous forme de graisse. Cette surcharge graisseuse du foie l'affaiblit et gêne son fonctionnement.

Stockage de différents nutriments et régulation de leur taux dans le sang

En plus du glucose, le foie stocke toutes sortes d'autres nutriments :

- Vitamines A et D, différentes vitamines B, dont la B12 qui, lorsqu'elle vient à manquer, conduit à l'anémie pernicieuse,
- Fer, cuivre…

Lorsque le taux sanguin d'un de ces nutriments s'abaisse, le foie en relâche dans le sang pour le ramener à la norme.

Production de protéines

Les acides aminés conduits au foie par la veine porte vont être transformés par lui en différentes protéines utiles à l'organisme. Parmi celles-ci :

- *L'albumine :* la forme sous laquelle se trouvent les protéines du sang et des muscles.

- *Les prothrombines et les fibrinogènes :* en cas de blessure, ces protéines coagulent le sang et le transforment en caillots qui bouchent les vaisseaux coupés. Elles évitent ainsi que l'on perde tout notre sang en cas d'hémorragie.
- *Les protéines de transport :* les substances que charrie le sang : les lipides, les hormones, les médicaments, etc. ne circulent pas tels quels, mais sont transportés par un support spécial à base de protéine. Par exemple, les lipoprotéines hépatiques transportent les graisses (entre autres le cholestérol qui sans cela se déposerait sur les parois des vaisseaux), les glycoprotéines assurent le transport des hormones sexuelles dans le sang, etc.
- *Les protéines pro-inflammatoires :* elles déclenchent la réaction défensive qu'est l'inflammation, ce qui permet aux cellules du corps de détruire tout agresseur mettant en danger leur intégrité.

Le foie ne stocke pas les protéines. L'excès est transformé par le foie en urée qui sera envoyée aux reins. Cette transformation représente un travail important.

En cas de suralimentation protéique prolongée, le foie s'épuise.

Métabolisation des graisses

Le foie synthétise des lipides utiles au corps, par exemple des phospholipides. Il les envoie directement dans le courant sanguin ou les stocke dans ses réserves pour couvrir les besoins futurs.

Lorsque la capacité du foie à stocker des graisses est trop sollicitée, ce qui est le cas lors de suralimentation en lipides, le foie s'engorge, c'est-à-dire qu'il se sature de graisses.

Cet état congestif dû aux lipides peut conduire à la dégénérescence graisseuse du foie.

LE SAVIEZ-VOUS ?

Le foie gras
Le foie gras consommé en gastronomie est du foie engorgé de graisses. Il provient d'oies qui ont été gavées de nourriture. Ce plat est donc constitué à partir d'un foie malade.

Épuration ou détoxication du sang

Le sang transporte de nombreuses toxines, c'est-à-dire des déchets et résidus métaboliques produits par le fonctionnement du corps. Le foie est un des organes chargés de les filtrer hors du sang et de les éliminer vers l'extérieur de l'organisme. Il le fait en les diluant dans la bile, ce qui fait qu'ils quitteront l'organisme avec les selles.

Défense contre les agresseurs et destruction de ceux-ci

Grâce à des cellules spécialisées, les cellules de Kupffer (voir page 43), le foie détruit tout ce qui menace l'intégrité du corps, autrement dit les microbes, les toxiques, les substances cancérigènes, les cellules cancérigènes. Il est l'unique organe qui est capable de le faire.

Comment fonctionne le foie ?

Les capacités de défense du foie sont extrêmement performantes, à la condition que le foie fonctionne bien.

Pour comprendre l'importance du foie pour la santé et apprendre comment le soutenir dans ses efforts, il nous faut maintenant présenter de manière plus détaillée différents aspects de son fonctionnement.

L'épuration du sang

L'épuration du sang, c'est-à-dire la filtration et l'élimination des toxines et des toxiques qu'il contient, est un travail indispensable, car comme l'explique la médecine naturelle, ce sont eux qui, en s'accumulant dans le terrain, sont à la base de la majeure partie de nos maladies.
Ce sont en effet les toxines et toxiques qui :

- Épaississent le sang et bouchent les vaisseaux (maladies cardio-vasculaires),
- Agressent les articulations (rhumatismes),
- Encombrent les voies respiratoires (bronchite, rhume, asthme…),
- Saturent la peau (boutons, eczéma…),
- S'agglomèrent dans les organes (calculs),
- Se déposent dans les tissus (cellulite, obésité),
- Modifient le fonctionnement cellulaire (cancer)…

La filtration et l'élimination des toxines se font par les hépatocytes, les cellules de base avec lesquelles le foie est construit. Elles représentent 60 % des cellules du foie, les 40 % restants étant les cellules de Kupffer dont nous parlerons ci-dessous à propos de la défense et de la destruction des agresseurs du corps.

Les hépatocytes

Le foie est traversé par d'innombrables capillaires en provenance de la veine porte. Ces capillaires sont entourés sur toute leur longueur par les hépatocytes. Ces derniers forment donc une couche qui enveloppe chaque capillaire sinusoïde. La paroi de ces derniers est percée de petites « fenêtres » qui permettent aux toxines de quitter le sang des capillaires afin d'entrer en contact avec les hépatocytes. Cette rencontre a lieu dans un espace situé entre la paroi des capillaires et celle des hépatocytes. Il porte le nom d'**espace de Disse** et est rempli d'un liquide semblable au plasma sanguin.

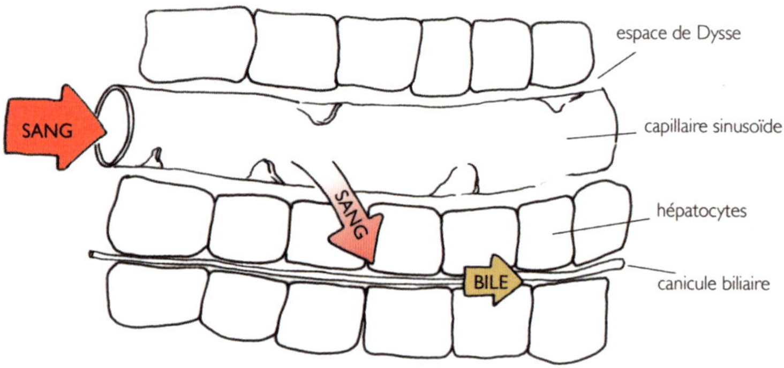

Les hépatocytes.

Les toxines et toxiques qui entrent en contact avec les hépatocytes sont de différentes origines. Il s'agit de :

Toxines :

- Déchets de protéines (urée),
- Déchets de graisses (cholestérol, acides gras saturés),
- Poisons issus des fermentations et putréfactions intestinales (indole, scatole…),
- Déchets des glucides (acides, floculats…),
- Minéraux usés (sodium, chlore, potassium…),

- Hormones usées,
- Cadavres de cellules (par exemple des globules rouges…).

Toxiques :

- Alcool,
- Médicaments,
- Antibiotiques,
- Métaux lourds de la pollution,
- Colorants et autres additifs alimentaires,
- Insecticides,
- Tabac…

ATTENTION !

L'alcool et le foie

L'alcool n'est pas un aliment, mais un poison dont le corps cherche à se débarrasser en le neutralisant. Le foie joue le rôle le plus important à ce niveau, puisque 95 % de l'alcool est neutralisé par lui. Même en buvant «peu», on donne beaucoup de travail au foie. La consommation quotidienne de 3 dl de vin à 12 degrés équivaut à un apport de 15 litres d'alcool pur dans l'année.

L'épuration du sang par les hépatocytes est un travail actif. Contrairement aux reins, où le filtrage du sang a lieu avant tout grâce à la pression avec laquelle le sang traverse le filtre rénal, **le foie travaille activement à capter les toxines et toxiques, et à modifier leurs caractéristiques,** c'est-à-dire à les neutraliser et les désactiver. Ils perdent ainsi leur nocivité et peuvent être éliminés sans danger.

Le travail de transformation et de neutralisation s'opère en deux phases :

■ Phase 1

Elle consiste à **modifier** les substances nocives.

Différents processus sont utilisés :

- *L'oxydation :* combinaison de la substance avec de l'oxygène.
- *La réduction :* soustraction d'oxygène de la substance.
- *L'hydrolyse :* décomposition du corps par fixation d'eau.

Ces transformations ont lieu grâce à des enzymes que les hépatocytes contiennent en grand nombre. Un des enzymes les plus importants étant le cytochrome oxydase P 450.

■ Phase 2

Il s'agit ici de **la neutralisation et désactivation** des substances nuisibles. Le processus utilisé est celui de la **conjugaison**, c'est-à-dire l'union de la toxine ou du toxique avec une autre molécule, cette dernière possédant les caractéristiques nécessaires pour neutraliser les effets nocifs.

Différentes molécules peuvent être utilisées, la plus courante étant l'acide glucuronique. Les toxines et toxiques ainsi neutralisés seront sécrétés par les hépatocytes avec d'autres substances et constitueront ensemble la bile.

La défense du corps et la destruction des agresseurs

En plus des toxines provenant du fonctionnement normal de l'organisme – et dont s'occupent en priorité les hépatocytes –, le foie dispose de cellules spécialisées pour se défendre face à tous les agresseurs externes et internes qui menacent le corps. Il s'agit des cellules de Kupffer.

À RETENIR

Répartition des cellules du foie :
- Hépatocytes 60 %
- Cellules de Kupffer 40 %

Les cellules de Kupffer

Les cellules de Kupffer ne sont pas fixes comme les hépatocytes, mais mobiles. Elles se trouvent dans les capillaires sinusoïdes. Elles sont donc en contact direct avec le sang qui arrive dans le foie, puisqu'elles baignent dans le sang.

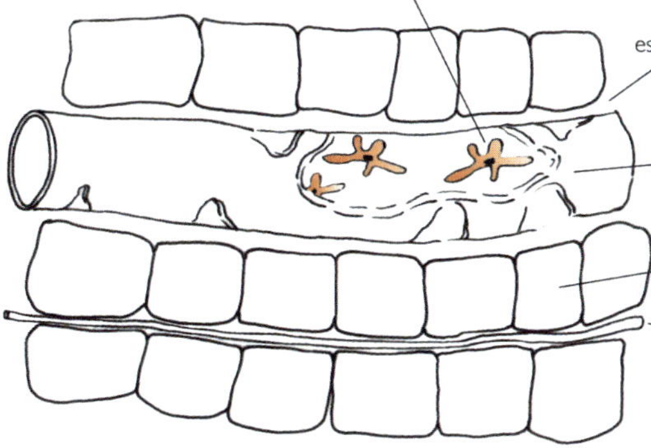

Les cellules de Kupffer.

Les cellules de Kupffer sont des **macrophages**, c'est-à-dire des cellules de grande dimension (macro) qui ont la capacité d'avaler et de digérer (phage), et par là détruire, tout ce qui est nocif pour le corps et qui n'aurait pas été déjà neutralisé et éliminé par les hépatocytes. Il s'agit avant tout de :

- Cellules mortes ou malades,
- Cellules cancéreuses (métastases transportées par le sang),
- Protéines mal digérées en provenance des intestins,
- Bactéries,
- Virus,
- Parasites (amibes, plasmodium de la malaria…),
- Levures (*Candida albicans*),
- Médicaments (voir l'encadré ci-dessous « Hépatotoxicité des médicaments »),
- Substances chimiques indésirables (herbicides, pesticides, antioxydants, conservateurs…),
- Substances de synthèse,
- Substances cancérigènes,
- Drogues,
- Métaux lourds,
- Toxiques issus de la pollution…

À RETENIR

Attention protéines étrangères !

Si toutes les protéines sont fabriquées avec les mêmes acides aminés de base, chaque être humain vivant produit des protéines avec une combinaison d'acides aminés qui lui est personnelle et qui est conditionnée par son code génétique. Le système immunitaire sait différencier les protéines personnelles des protéines étrangères. Il détruit les secondes qui possèdent un « alliage » d'acides aminés différent. Elles appartiennent à un corps étranger : microbes, sécrétions animales (venin), tissus végétaux (poisons), etc., et sont dangereuses pour le corps. C'est ainsi que si nous mangeons des protéines (viande, poisson) nous n'assimilons que leurs acides aminés.

À RETENIR

Hépatotoxicité des médicaments

«Le nombre de médicaments reconnus comme hépatotoxiques s'est considérablement accru. Ceci est dû, pour une part à l'introduction de nouvelles molécules, mais aussi à la reconnaissance tardive de l'hépatotoxicité de médicaments anciens. Actuellement près de 600 médicaments sont suspectés d'être hépatotoxiques.»

Dr Pessayre, spécialiste des pathologies hépatiques

La «digestion» opérée par les cellules de Kupffer est un processus au cours duquel l'agresseur est dissous à l'aide d'enzymes. Il est tué s'il s'agissait de quelque chose de vivant (un microbe ou une cellule) ou détruit s'il s'agit de molécules ou de substances toxiques. Dans les deux cas, réduit en particules plus petites et inoffensives, l'agresseur a disparu.
Les cellules de Kupffer débarrassent le sang de tout élément agressif. Elles ont une capacité de travail énorme, mais comme tout ouvrier, elles ont besoin de temps pour digérer et récupérer. Lorsqu'elles sont surmenées, ce qui est le cas lors d'intoxications multiples (médicaments, tabac, drogues…), leur efficacité diminue. Elles absorbent moins d'agresseurs et ne les digèrent pas correctement. Ceux-ci leur échappent et pénètrent plus avant dans le corps.

Les cellules de Kupffer et le système immunitaire

Il existe de nombreuses sortes de macrophages. On en trouve dans la moelle osseuse, le cerveau, la rate, etc. Où qu'ils soient, ils appartiennent au système immunitaire qui protège le soi (le corps) du non-soi (microbes, cellules cancéreuses, toxiques…). Les cellules de Kupffer ne travaillent donc pas autrement que les autres macrophages localisés dans les différents organes du corps. Leur réputation de puissants défenseurs (et celle du foie) provient de leur très grand nombre. Rappelons qu'elles représentent 40 % des cellules du foie, un organe déjà connu pour ses grandes dimensions ! **C'est donc la concentration de cellules de Kupffer dans le foie qui fait de lui ce puissant défenseur de l'organisme.**

LE SAVIEZ-VOUS ?

Les microbes

Bactéries, virus, parasites et levures constituent la grande famille de microbes dangereux pour l'organisme, mais que le foie est capable de détruire. Le système immunitaire n'est donc pas le seul à tuer les microbes, le foie le fait également.

L'importance du foie vient également de ce qu'il est **le premier barrage de macrophages** que rencontrent les substances alimentaires, médicamenteuses, drogues, polluants… en provenance de l'intestin. Tant que le foie est sain, ces substances nocives n'envahiront pas le corps pour s'accumuler dans le terrain, mais seront détruites avant d'avoir pu aller plus loin. Dans le cas contraire, quand le foie est surmené et affaibli, elles pénètrent dans la circulation sanguine, puis dans les tissus. Là, d'autres macrophages du système immunitaire entreront en action, pour éviter la dégradation du terrain et l'apparition de maladies. Que leur activité soit couronnée de succès ou non dépend de la quantité de toxines parvenant jusqu'à eux.

La production de bile pour la digestion des graisses

La bile sécrétée par les hépatocytes est récoltée par des petits canaux appelés des **canicules biliaires**. Ceux-ci se rejoignent pour former des canaux plus gros qui finalement, en se rejoignant à leur tour, constituent le canal hépatique par lequel la bile est conduite à la vésicule biliaire et aux intestins.

Le rôle de la bile est double :

- Support pour l'élimination des toxines ou des toxiques, ce qui nécessite une **sécrétion continue** ainsi qu'une élimination constante vers l'intestin.
- Suc digestif nécessaire à la digestion des graisses, ce qui nécessite une **excrétion périodique** (à chaque repas).

La réalisation de ces deux impératifs opposés est possible grâce à la vésicule biliaire. La bile sécrétée en permanence par le foie peut s'écouler directement et sans interruption vers l'intestin en passant par le canal hépatique et le canal cholédoque, ce qui réalise l'élimination des toxines. La vésicule biliaire, elle, en tant que réservoir peut stocker une certaine quantité de bile, ce qui garantit la possibilité d'excrétion périodique de bile pour la digestion des repas.

La bile

Le foie sécrète chaque jour environ 1 litre de bile. Il s'agit d'un liquide limpide, visqueux et, de pH basique (7,6 à 8,6). La bile a une couleur jaune et un goût amer. Celle stockée dans la vésicule est plus concentrée que celle qui s'écoule directement dans l'intestin. Sa couleur est également différente, elle est vert olive.

Les composants de la bile sont :

- L'eau,
- Les sels biliaires,
- La bilirubine,
- Le cholestérol,
- La lécithine,
- Divers minéraux.

Les sels biliaires ont une action émulsionnante, c'est-à-dire qu'ils divisent les graisses en gouttelettes, ce qui permet à la lipase pancréatique de les digérer complètement. Cette préparation des graisses par les sels biliaires favorise l'absorption des vitamines liposolubles (vitamines A, D, E, K et les oméga 3, 6...), leur absorption est en effet liée à celle des graisses.

L'insuffisance hépatique a donc pour conséquence une mauvaise absorption des vitamines liposolubles et l'apparition des maladies de carence.
Un manque de sels biliaires dans la vésicule biliaire entraîne une moins bonne émulsification du cholestérol contenu dans la bile, d'où le risque de précipitation du cholestérol et la formation de calculs.

La bilirubine est un pigment biliaire résultant de la dégradation de l'hémoglobine du sang. Elle n'a pas de rôle digestif, mais est un déchet qui doit être éliminé. Sa couleur jaune brun donne aux selles leur coloration caractéristique. Lors d'hépatite, les voies biliaires sont congestionnées, si bien que la bilirubine ne s'écoule plus dans les intestins. Les selles se décolorent. La bilirubine passe dans le sang et donne une teinte jaune à la peau et au blanc des yeux ainsi qu'une teinte acajou aux urines.

Le cholestérol est une substance bénéfique en soi, mais qui devient nocive lorsqu'elle est présente en trop grande quantité dans l'organisme. C'est la raison pour laquelle le foie rejette du cholestérol dans la bile lorsque cela est nécessaire. N'étant pas soluble dans l'eau, le cholestérol ne peut pas s'y tenir en suspension. Il le fait quand même grâce à l'action des sels biliaires et de la lécithine. Si ces derniers viennent à manquer, les particules de cholestérol précipitent et forment des calculs dans la vésicule biliaire.

La lécithine est un émulsifiant qui aide à solubiliser les graisses. Leur digestion est facilitée et le risque qu'elles se déposent sur les vaisseaux diminue. En effet, la lécithine abaisse les taux excessifs de cholestérol sanguin.

TRUCS ET ASTUCES

La lécithine en complément alimentaire

La lécithine est en vente sous forme de granulés et de gélules. La dose quotidienne est de 2 à 4 cuillerées à soupe de granulés par jour, à mâcher tels quels car leur goût est agréable. On peut aussi mélanger les granulés à une boisson ou aux aliments.
La teneur des gélules varie d'un fabricant à l'autre, aussi faut-il se conformer à la posologie donnée par le fabricant.

Fonctionnement de la vésicule biliaire

La bile est stockée dans la vésicule biliaire à des fins digestives. Lorsque les aliments consommés lors d'un repas sortent de l'estomac et arrivent au niveau du duodénum, des récepteurs détectent l'arrivée des graisses. Ils donnent alors des signaux nerveux et hormonaux à la vésicule biliaire pour qu'elle mette à disposition la bile qu'elle a mise de côté. Les différents processus en jeu comprennent trois étapes :

1re étape : Repas : vidange de la vésicule biliaire

Lorsque la vésicule biliaire est informée de l'arrivée des graisses au niveau du duodénum, elle se contracte 3 ou 4 fois pour se vider de la bile qu'elle contient. Ces contractions sont énergiques, car elles ont également pour but de faire avancer la bile dans le canal cystique, puis cholédoque.

2e étape : Période postprandiale : la vésicule est vide

Juste après le repas, le contenu de la vésicule ayant été envoyé aux intestins, la vésicule est vide. Elle reste vide encore un certain temps, car la bile que le foie continue de produire ne se dirige pas vers la vésicule, mais passe tout droit à destination des intestins pour participer aux digestions.

3e étape : Période interprandiale : remplissage de la vésicule biliaire

La vésicule biliaire qui est vide doit à nouveau être remplie, en vue du prochain repas. Le meilleur moment pour effectuer ce remplissage est celui de la période interprandiale, c'est-à-dire qui se situe entre les repas. En effet, l'intestin étant « à jeun », il n'a plus besoin de recevoir de la bile pour la digestion des aliments qui se trouvent maintenant beaucoup plus bas dans le tube digestif.

LE SAVIEZ-VOUS ?

Après l'ablation de la vésicule biliaire, comment les graisses sont-elles dégradées ?

Lorsque la vésicule biliaire a accumulé trop de calculs et n'est plus capable de stocker et expulser la bile, une opération est pratiquée pour s'en débarrasser. Les digestions se font désormais uniquement avec la bile sécrétée en continu par le foie. La quantité de bile étant moindre, il est bon de faire des repas plus petits et moins gras.

Le remplissage de la vésicule biliaire se fait grâce à la fermeture du sphincter d'Oddi. La bile qui continue d'arriver en provenance du foie ne peut plus pénétrer dans les intestins, car elle est bloquée dans son avance par le sphincter d'Oddi. Elle reflue dans les canaux cholédoque et cystique, et s'accumule dans la vésicule. Afin de réduire le volume de bile à stocker, la vésicule biliaire concentre celle-ci en la débarrassant d'une partie de son eau. Une bile concentrée, et par conséquent très active, est ainsi préparée pour la venue du prochain repas.

EN RÉSUMÉ

Le foie possède plus de 500 fonctions : il régularise le taux de sucre et de vitamines dans le sang, produit des protéines et des lipides, débarrasse le sang de ses toxines, détruit les microbes et les toxiques.

Le foie est composé à 60 % d'hépatocytes et 40 % de cellules de Kupffer. Les hépatocytes extraient les toxines du sang. Les cellules de Kupffer sont des macrophages qui neutralisent les toxiques.

La bile est à la fois un suc digestif et un support pour l'élimination des déchets. La bile vésiculaire est sécrétée lors des repas ; sa plus grande concentration favorise la digestion des graisses.

La bile favorise aussi l'assimilation des vitamines liposolubles, stimule le péristaltisme intestinal (en cas de carence : constipation), lubrifie les selles (en cas de carence : selles sèches, dures et collantes) et neutralise les fermentations intestinales.

CHAP. 4

LES MALADIES DU FOIE

Le foie, comme tout organe, peut aussi tomber malade. Les maladies qui l'atteignent sont principalement dues au surmenage qui lui est imposé par la suralimentation, la pollution chimique des aliments, l'alcool, la surmédication et la prise d'excitants.

L'insuffisance hépatique

Dans l'insuffisance hépatique, le foie, sans être à proprement parler malade, ne fonctionne pas aussi bien qu'il le devrait. Il travaille trop lentement et faiblement, d'où l'expression « foie paresseux ». Lorsqu'il est dans cet état, le foie est congestionné, c'est-à-dire que le sang et les toxines stagnent à son niveau. Cette congestion ralentit la production et la sécrétion de bile.

L'insuffisance hépatique est plus ou moins prononcée selon les personnes. Les problèmes de santé qui en résultent sont multiples.

Ils peuvent toucher toutes les parties du corps puisque les déficiences hépatiques conduisent à la surcharge du terrain en toxines, ce qui est le point de départ des maladies. Cependant, les premiers troubles à apparaître sont ceux concernant la sphère digestive. Ce sont aussi les plus visibles, et donc faciles à déceler.
Une personne souffrant d'insuffisance hépatique ne sera pas touchée par tous ces maux, mais par quelques-uns seulement.

Les symptômes de l'insuffisance hépatiques sont :

- Difficulté à digérer les graisses (œufs, crème, repas gras…),
- Troubles digestifs en général,
- Nausées,
- Gonflement et pesanteur au niveau du ventre,
- Gaz, ballonnements,
- Bouche pâteuse,
- Mauvaise haleine,

- Perte d'appétit,
- Fatigue, manque d'élan,
- Teint jaunâtre,
- Constipation,
- Lithiase biliaire,
- Démangeaisons de la peau,
- Hémorroïdes…

La petite insuffisance hépatique n'est pas quelque chose de grave, mais elle diminue la qualité de vie. La personne qui en souffre est constamment confrontée à des troubles digestifs, mais elle est aussi fatiguée et manque d'élan. Ce n'est que quand l'insuffisance est trop prononcée que le terrain se dégrade sérieusement et que d'autres organes peuvent être touchés.

LE SAVIEZ-VOUS ?

La crise de foie

Ce que l'on appelle communément une crise de foie n'a rien à voir avec le foie. Il s'agit en fait d'une indigestion au niveau de l'estomac, accompagnée de nausées, vomissements, maux de tête et perte d'appétit.

Les calculs biliaires

Le foie produit constamment de la bile. Alors qu'une partie de celle-ci est conduite directement aux intestins par le canal cholédoque, le reste – un peu moins de la moitié – est mis en réserve dans la vésicule en vue du prochain repas. Afin de réduire le volume de la bile à stocker, les muqueuses de la vésicule réabsorbent une partie de l'eau qu'elle contient. Sa teneur passe de 97,5 % à 87 % d'eau. La concentration de la bile en substances solides augmente alors en conséquence. Par exemple, la teneur en sels biliaires passe de 1 % à 6 %.

Composition de la bile		
	Bile hépatique (%)	**Bile vésiculaire (%)**
Eau	97,5	87
Sels biliaires	1,1	6
Cholestérol	0,1	0,3 - 0,9
Bilirubine	0,04	0,3
Lécithine	0,04	0,3

La bile hépatique a donc une composition différente de celle de la bile vésiculaire. Cette dernière est 4 à 5 fois plus concentrée. Elle cesse d'être liquide pour devenir filante, c'est-à-dire visqueuse. La viscosité plus élevée de la bile vésiculaire est un bienfait pour les digestions, car cette bile a une teneur plus élevée en sucs digestifs. Elle présente cependant un danger : le point de saturation est proche, celui qui amène les substances en suspension à précipiter et former des calculs.

La formation de calculs biliaires a pour cause principale la suralimentation.

Les repas trop riches et trop fréquents épuisent la vésicule. Ses parois perdent leur tonicité. La bile qu'elle contient n'est alors qu'imparfaitement éjectée dans l'intestin au cours des repas. Une partie reste dans la vésicule et sera l'objet d'une nouvelle concentration. Ainsi, peu à peu, la vésicule garde un fond de bile stagnant. Le cholestérol et les sels minéraux qui s'y trouvent vont précipiter. Au lieu d'être en suspension, dissous dans la bile, ils tombent au fond. D'abord ces substances restent isolées, puis elles s'agglutinent les unes aux autres. Voilà pourquoi on parle d'abord de boue vésiculaire, qui est une bile épaisse, puis de microcalculs et finalement de calculs, qui peuvent atteindre plusieurs centimètres.

En soi, les calculs ne sont pas dangereux, mais en s'accumulant dans la vésicule, ils gênent son fonctionnement.

La bile nécessaire à la digestion des repas fait en partie défaut au niveau de l'intestin grêle, ce qui engendre des problèmes digestifs. La bile épaisse qui stagne dans la vésicule agresse ses muqueuses, ce qui conduit à des inflammations, puis à la sclérose. Le milieu ainsi constitué est favorable aux infections. Le grand danger cependant est qu'un calcul sorte de la vésicule. Si ses dimensions sont supérieures à certaines portions du canal cystique ou cholédoque, il peut rester bloqué dans une de ces deux conduites. Il en résulte des douleurs très violentes (coliques hépatiques) et une infection locale (hépatite ou ictère par obstacle).

À RETENIR

La formation des calculs

Elle débute par la présence de boue ou de bile épaisse qui, en précipitant, donne des microcalculs. Ces derniers, en s'agglutinant, forment des calculs.

Les hépatites

Les hépatites sont des **inflammations du foie**. Elles appartiennent aux maladies aiguës, caractérisées par leur intensité, mais qui sont généralement de courte durée (voir, du même auteur, *Les Anti-inflammatoires naturels*).

Lors d'une hépatite, les tissus du foie gonflent. Ils écrasent les voies biliaires, ce qui bloque l'écoulement de la bile. Celle-ci ne s'écoule plus vers les intestins. Elle stagne en partie au niveau du foie, ce qui entrave ses fonctions détoxicantes. Le reste gagne la circulation générale du sang, ce qui peut conduire à une intoxication du corps, puisque la bile contient de nombreuses toxines.
Les symptômes de l'hépatite sont très faciles à observer. Ils sont principalement en relation avec la bilirubine, le pigment jaune de la bile, qui, lors de cette maladie, se répand dans l'organisme.

- Coloration jaune de la peau et des yeux (ictère),
- Urine plus foncée (la couleur jaune de l'urine provient de la bilirubine),
- Selles décolorées (puisque privées de bilirubine).

Le malade souffre par ailleurs de :

- Fatigue,
- Perte d'appétit,
- Fièvre épisodique,
- Démangeaisons.

La jaunisse

Le langage populaire désigne les hépatites par le terme «jaunisse», à cause de la couleur jaune que prennent la peau et le blanc des yeux.

Les causes des hépatites sont diverses. Elles comptent tout ce qui peut agresser les voies biliaires et, en déclenchant une inflammation, les bloquer et les congestionner.

On distingue ainsi :

- *Les hépatites virales :* agression par des virus.
- *Les hépatites toxiques :* dues à des poisons, des médicaments…
- *Les hépatites mécaniques :* un calcul bloque les voies biliaires.
- *Les hépatites hémolytiques :* excès d'hémoglobine à dégrader (incompatibilité rhésus entre l'enfant et la mère ou avec du sang transfusé).

LE SAVIEZ-VOUS ?

Les hépatites virales

Le foie est infecté par différents virus. Les principaux sont au nombre de trois et désignés par une lettre.

Virus A. Transmis par l'eau de boisson ou les aliments qui ont été lavés avec une eau infectée (salade, crudités, fruits, coquillages…). L'hépatite A est de courte durée et guérit généralement sans donner de complications.

Virus B. Il se transmet par le sang, par conséquent lors d'infection avec des seringues mal stérilisées, par des outils contaminés (aiguilles…) ou lors de rapports sexuels. Se guérit généralement sans complications majeures.

Virus C. La transmission se fait également par le sang. L'hépatite C est problématique car elle évolue vers la chronicité.

Les cirrhoses

Lorsque le foie subit des agressions multiples et répétées dans le temps, des **troubles lésionnels** s'installent. **Les cirrhoses sont des maladies chroniques et graves, car le foie est atteint dans sa chair.** La destruction des tissus entraîne des lésions puis des scléroses. La capacité de régénération du foie est élevée, mais au stade chronique, la régénération se fait mal. Elle produit un excès de tissus fibreux qui durcit le foie et ralentit les échanges cellulaires. Il en résulte une perturbation du fonctionnement du foie. Ce dernier devient de plus en plus incapable de mener à bien ses tâches de protection, détoxication et production de bile pour ne mentionner que les principales.

À RETENIR !

Les cirrhoses sont l'aboutissement d'une hygiène de vie non respectueuse du foie.
70 % des cirrhoses sont dues à l'alcoolisme.

L'aspect du foie change complètement. Au lieu d'être lisse, ferme et de couleur rouge brun foncée, sa surface est bosselée. Il devient très dur au toucher et prend une couleur rousse. Le mot « cirrhose » tire son origine de cette couleur puisqu'en grec *kirros* signifie « roux ».

Le foie et le psychisme

Différentes expressions de notre langage montrent que l'être humain a souvent mis en relation ses états d'âme et l'état de son foie.

De quelqu'un qui est calme et ne s'emporte pas aux moindres contrariétés, on dit qu'il « a un bon foie ». Quelqu'un qui a peur a « les foies blancs » (le foie est normalement rouge brun). Quelqu'un qui s'excite et pique une colère « déverse sa bile ». Pour inciter quelqu'un à se calmer, les Babyloniens disaient « que ton foie se lisse » !

L'expression « être bilieux » a deux définitions contradictoires. Parfois, elle désigne quelqu'un qui est trop soucieux et s'inquiète pour tout, d'autrefois quelqu'un d'irritable, d'impatient et s'excitant vite. Ces deux états d'âme opposés ne s'expliquent pas par une production de bile trop abondante ou non (bilieux veut dire trop de bile), mais, d'après le Dr Victor Bott, médecin anthroposophe, par la résorption biliaire au niveau des intestins.

En effet, le gros de la bile produite par le foie est évacué hors de l'organisme par les selles, une petite partie cependant est absorbée par les muqueuses intestinales. D'après le Dr Victor Bott, lorsque la résorption est trop intense, cela nous pousse fortement à l'action et nous nous enflammons rapidement. Lorsqu'elle est trop faible, cela nous rend indolent, peu entreprenant, fatigué. Une fatigue intense est d'ailleurs un des symptômes de l'hépatite, maladie au cours de laquelle l'inflammation du foie empêche la bile de se rendre dans l'intestin.

Quelques maladies résultant du mauvais fonctionnement du foie

Les répercussions d'une insuffisance hépatique peuvent toucher des organes éloignés du foie. Un examen superficiel des choses donne l'impression qu'il n'y a pas de relation entre le foie et ces organes malades. Mais en creusant, et surtout en étant conscient du rôle du terrain et des toxines dans l'éclosion des maladies, la relation devient évidente.

Au niveau du tube digestif

Les premières maladies résultant d'une insuffisance hépatique se manifestent généralement au niveau du tube digestif, étant donné que le foie est en relation directe avec lui.

Les indigestions

Au niveau digestif (et non éliminatoire), le rôle du foie est double. Premièrement, **la bile émulsionne les graisses**, autrement dit les divise en petites particules qui seront ensuite attaquées par les sucs digestifs du pancréas et des intestins. Si cette première étape n'est pas réalisée correctement, les graisses insuffisamment transformées provoquent des nausées, des pesanteurs et la sensation tout à fait réelle de ne pas avoir digéré son repas.

La deuxième manière dont le foie participe aux digestions est son rôle au niveau de **l'alcalinisation du bol alimentaire**. Pour digérer les protéines, l'estomac sécrète des sucs digestifs très acides. Le bol alimentaire qui sort de l'estomac a en effet un pH de 2,5. Cependant, les sucs pancréatiques et intestinaux qui interviennent au niveau des intestins ne sont actifs que dans un milieu alcalin, donc possédant un pH supérieur à 7. Le changement de pH du bol alimentaire nécessaire à l'action de ces sucs digestifs est du ressort du foie. La bile qu'il sécrète est très alcaline, elle a un pH de 7,6 à 8,6. Elle alcalinise le bol alimentaire et favorise ainsi la digestion complète et efficace des graisses. Lors d'insuffisance hépatique par contre, l'alcalinisation est insuffisante. Les graisses sont mal digérées et des troubles digestifs divers se manifestent (voir, du même auteur, *Gérez votre équilibre acido-basique*).

La constipation

Les causes de la constipation le plus souvent mentionnées sont le manque de ballast, d'exercice et de liquide. Mais une cause fréquemment oubliée est l'insuffisance hépatique. Un foie paresseux ne sécrète pas assez de bile. Or, **la bile a pour propriété de stimuler le péristaltisme intestinal**. Ce ne sont donc pas seulement les fibres alimentaires qui déclenchent la contraction des muscles intestinaux, mais également la bile. Une sécrétion suffisante de bile permet par conséquent aux selles de progresser même s'il manque un peu de ballast.

À l'inverse, lorsqu'il y a un manque de bile, les intestins ralentissent. Les matières stagnent et s'accumulent, ce qui rend le travail des muscles péristaltiques plus difficile : la constipation s'installe.

La bile a également un rôle de lubrifiant. Elle rend les selles humides et glissantes. Leur progression est fortement

favorisée. Celles-ci n'adhèrent pas aux parois de l'intestin. Les surfaces des selles et des muqueuses intestinales sont rendues « lisses » et glissantes par la bile. Les selles progressent ainsi facilement, de la même manière qu'une chaussée mouillée devient glissante ou que nos mains glissent facilement l'une sur l'autre lorsque nous les avons enduites de savon.
Un manque de bile rend, en revanche, les selles collantes et poisseuses, ce qui freine leur progression.

Du côté du sang et du système circulatoire

Mis à part le système digestif, le sang et le système circulatoire peuvent être touchés par l'insuffisance hépatique.
Les déchets mal neutralisés et mal éliminés par le foie s'accumulent dans le sang et se déposent sur les parois des vaisseaux. Parmi les maladies que cela engendre, on trouve :

L'excès de cholestérol

Toutes les graisses apportées par les aliments sont conduites au foie. Une partie est utilisée par le corps. **Le surplus de graisses est transformé en cholestérol et en triglycérides qui seront rejetés par le foie dans la bile.** Elles gagnent donc les intestins où, normalement, elles seront évacuées avec les selles, à condition que ces dernières contiennent assez de ballast (enveloppe des céréales complètes, fibres végétales des fruits et des légumes). Des fibres sont en effet nécessaires pour transporter le cholestérol hors de l'organisme. Elles agissent comme un filet qui l'emprisonne dans ses mailles. Dans le cas contraire, il est réabsorbé. En cas de carences en fibres, jusqu'à 90 % du cholestérol peut être réabsorbé par les parois des intestins et conduit au foie !

Le cholestérol excédentaire qui retourne ainsi au foie ne sera pas retravaillé et rééliminé par lui, puisqu'il est déjà dépassé, mais gagnera la circulation générale. Étant en excès, il s'accumulera dans le sang (hypercholestérolémie) et se déposera sur les parois des vaisseaux sanguins. L'épaississement du sang et la formation d'athéromes sont à la base des maladies cardio-vasculaires.

Diminuer son taux de cholestérol sanguin passe donc par une réforme de son alimentation, mais également par une stimulation régulière et intense du foie.

À RETENIR !

Origines multiples du cholestérol

Le cholestérol n'est pas seulement fabriqué avec les excès de graisses, mais également avec les excès de sucre et de protéines.

Les maladies cardio-vasculaires

Les maladies cardio-vasculaires (sang épais, hypertension, infarctus, attaque cérébrale…) sont nombreuses et diverses dans leurs manifestations, mais elles ont fondamentalement toutes la même cause : l'accumulation de substances grasses dans le sang.

Ces substances épaississent le sang, ce qui ralentit la vitesse avec laquelle il circule. En se déposant sur les parois des vaisseaux, elles forment des plaques (athéromes) qui diminuent le diamètre des vaisseaux et freinent le passage du sang. Lorsque le sang est trop épais et stagnant, il coagule. Le caillot ainsi formé peut boucher un vaisseau dans le cœur (infarctus), dans le cerveau (attaque cérébrale), ou ailleurs dans le corps (embolie).

Les corps gras excédentaires sont cependant des substances que le foie aurait dû empêcher de pénétrer dans le sang, s'il n'avait pas été dépassé par une alimentation trop abondante en mauvaises graisses et sucres.

Stimuler et détoxiquer le foie fait donc partie intégrante des traitements à instaurer en cas de maladies cardio-vasculaires.

LE SAVIEZ-VOUS ?

Les fluidifiants sanguins

Si, de nos jours, de nombreuses personnes prennent des fluidifiants sanguins, c'est pour lutter contre l'épaississement du sang causé par la suralimentation et la faiblesse hépatique.

Les hémorroïdes

Les hémorroïdes sont des dilatations des veines de la région anale, autrement dit des varices. Ces veines rejoignent la veine porte qui est un gros vaisseau qui se rend au foie. Lorsque le foie est congestionné, le sang qui arrive par la veine porte est freiné dans son déplacement. Il n'arrive pas à traverser le foie aussi rapidement qu'en temps normal et en quantité insuffisante. En conséquence, le sang s'accumule dans la veine porte. Cet état congestif fait pression entre autres sur les veines anales, ce qui engendre une dilatation de leurs parois, puis leur déformation.

À cela s'ajoute la pression que subissent les veines anales lors de l'exonération de selles dures. Cela est courant lors de la constipation, problème de santé qui accompagne souvent l'insuffisance hépatique.

Un des traitements de base des hémorroïdes consiste donc à décongestionner le foie.

Les maux de tête, les migraines

Une partie des maux de tête et des migraines est due à la dilatation des vaisseaux sanguins au niveau de la tête. Il en résulte une compression douloureuse des tissus environnants.

Cette dilatation des vaisseaux est **une réaction défensive face à des substances irritantes et agressives transportées par le sang.** Or, de telles substances ne devraient normalement pas parvenir au cerveau si le foie fonctionnait bien.
Une grande partie des maux de tête est liée à l'insuffisance hépatique.
Cela est particulièrement visible pour les migraines, puisqu'aux douleurs céphaliques sont associés des nausées et des vomissements.

ATTENTION !

Si la prise d'analgésiques offre un soulagement momentané contre les maux de tête, à long terme leur effet est contre-productif puisqu'en surchargeant le foie, ils diminuent sa capacité à neutraliser les substances irritantes.

Autres organes

Des organes éloignés peuvent subir les conséquences d'une insuffisance hépatique.

En effet, le foie a entre autres pour rôle de filtrer les déchets colloïdaux provenant des aliments riches en amidon et en graisses. Il s'agit des céréales et de leurs sous-produits (pain, pâtes, cake…), la viande, la charcuterie, les fromages, le beurre, la crème…

Normalement, le foie soustrait ces déchets au sang et les rejette dans la bile, afin qu'ils soient éliminés avec les selles. Lorsqu'une faiblesse hépatique empêche cette filtration, les déchets restent dans le sang et ressortent du foie par la veine sus-hépatique. Ils gagnent ainsi la circulation générale et s'accumulent dans le terrain. Or, le corps se défend de manière intelligente face à l'accumulation des toxines. Si un émonctoire n'est pas capable de rejeter assez de toxines vers l'extérieur (dans le cas qui nous occupe, le foie), le corps les dirigera vers d'autres émonctoires, ici les poumons et les glandes sébacées. Ce sont dès lors ces organes qui élimineront les toxines non-filtrées par le foie. Lorsque celles-ci sont trop nombreuses, ces émonctoires s'épuisent et se congestionnent. Deux problèmes de santé courants qui en résultent sont les catarrhes du système respiratoire et l'acné.

Les maladies respiratoires (catarrhales)

Des déchets non-filtrés par le foie gagnent les alvéoles pulmonaires, les bronches ou les sinus. Leur présence dans ces organes n'est pas normale. Elle conduit à une inflammation de leur muqueuse, à laquelle se surajoute parfois une infection. Pour se défendre, les muqueuses sécrètent un mucus protecteur qui s'ajoute aux colles qui doivent être éliminées. Il en résulte une forte élimination de glaires (catarrhes), comme c'est le cas lors de rhume, sinusite, bronchite et certains asthmes.

Si des soins au niveau des voies respiratoires soulagent, c'est avant tout le rétablissement du fonctionnement normal du foie qui aura une action curative durable. En effet, les déchets étant éliminés au niveau du foie, ils cesseront de gagner les voies respiratoires.

L'acné

Les glandes sébacées sécrètent constamment du sébum, une sorte d'enduit gras qui lubrifie la peau. Le sébum contient des toxines du même genre que celles filtrées par le foie. Lorsque le foie est dépassé, les toxines qu'il n'a pas réussi à éliminer gagnent les glandes sébacées. Désormais, à l'élimination normale de déchets colloïdaux par les glandes sébacées s'ajoute celle des toxines venant du foie. Les glandes sébacées, dépassées par le flot de colles, se congestionnent et s'enflamment : des boutons d'acné se forment.

Les changements hormonaux lors de l'adolescence sont la cause la plus souvent mentionnée de l'acné, mais s'y rajoute l'insuffisance hépatique. Un bon drainage du foie est donc fortement indiqué en cas d'acné.

Les déchets colloïdaux

Ils sont visqueux et mous, par exemple les glaires expectorées ou mouchées et le pus sortant des boutons.
Ils sont, à l'inverse des déchets cristalloïdaux, durs et insolubles, par exemple le sable dans les articulations ou les calculs rénaux. (Pour plus de détails, voir, du même auteur, *Détoxication optimale*.)

Troubles métaboliques

L'accumulation de toxines dans le corps à la suite d'une insuffisance hépatique peut aussi conduire à des troubles métaboliques, comme ceux en relation avec les sucres ou les graisses.

Les crises d'hypoglycémie

Certaines personnes sont sujettes à des crises d'hypoglycémie récurrentes. Tout à coup, elles se sentent sans force et sans élan. Une grande fatigue s'abat sur elles, fatigue qui est parfois accompagnée de vertiges et d'étourdissement. Elles se sentent inquiètes ou angoissées. Le manque d'énergie est dû à un manque de sucre dans le sang. Il déclenche chez ces personnes des envies pressantes, irrésistibles et répétées d'aliments sucrés, comme du chocolat, des pâtisseries, des biscuits, etc.

La cause principale des crises d'hypoglycémie est la consommation abusive de mauvais sucres, mais le foie peut aussi en être responsable. Le fait de nous livrer à nos occupations quotidiennes « brûle » le glucose sanguin. Son taux diminue inévitablement, mais normalement nous ne devrions jamais le ressentir. Le foie devrait immédiatement corriger la glycémie trop basse en la ramenant à la norme. Il le fait en relâchant dans le sang du glucose qu'il avait stocké dans ce but sous forme de glycogène.

Cependant, **lorsque le foie est épuisé, la reconversion du glycogène en glucose se fait mal**. La glycémie descend ainsi en dessous de la norme, sans que le foie ne réagisse pour la corriger, d'où le manque d'énergie ressenti.

Dans ce cas d'hypoglycémie, la solution est par conséquent la détoxication du foie. Dès qu'il sera décongestionné et fortifié, il contrôlera à nouveau efficacement la glycémie.

Le surpoids

Un foie surmené et affaibli est une des causes principales de l'obésité (lire l'ouvrage de Sandra Cabot, *Régénérez votre foie*, éditions Jouvence, 2014). En effet, avant de gagner les tissus, les graisses provenant du tube digestif passent par le foie.

Normalement, le foie ne laisse passer dans le sang que les graisses utiles au corps, tout le reste étant transformé en cholestérol qui sera rejeté dans la bile, puis éliminé avec les selles. Il n'y a alors pas de prise de poids, car il n'y a pas de graisses excédentaires envoyées dans les tissus.

Lorsque le foie est affaibli par contre, il n'arrive pas à transformer en cholestérol les graisses non utiles au corps ou ne le fait qu'en petite quantité. Les graisses excédentaires seront lâchées dans le courant sanguin d'où elles gagnent les tissus. Leur accumulation à ce niveau sera d'autant plus importante que le foie est débordé et que les quantités de graisses consommées seront élevées.

Le foie est donc le grand régulateur des graisses. Cela explique pourquoi les diètes ne sont pas toujours aussi efficaces qu'elles le pourraient. La restriction alimentaire diminue certes les apports de graisses à traiter par le foie. Elle augmente aussi la quantité de graisses libérée des tissus pour être brûlée, entre autres dans… le foie, afin de fournir de l'énergie. Cependant, la diète n'augmente pas automatiquement les capacités d'un foie affaibli et surmené à traiter les graisses.

Dans une telle situation, la personne qui suit la diète fait de grands efforts pour se restreindre, mais avec peu de succès, car le foie ne suit pas ! Il n'arrive pas à éliminer les graisses excédentaires.

Toute diète pour maigrir devrait donc être accompagnée d'une bonne détoxication du foie pour le soutenir dans son travail de gestion des graisses.

Au niveau du système immunitaire

Les déficiences du foie peuvent être telles que la quantité de toxines non-filtrées qu'il laisse passer finit par dérégler le fonctionnement du système immunitaire. Différents troubles en résultent.

Le cancer

La majorité des cancers est due à des substances toxiques qui modifient le code génétique des cellules de manière néfaste. Les cellules se multiplient alors de manière désordonnée et forment des tumeurs. Le rôle de ces substances toxiques dans la genèse du cancer fait qu'on les désigne par les termes de substances «cancérigènes» ou «mutagènes».

Les plus courantes sont :

- L'alcool en excès,
- L'arsenic, le cyanure… du tabac,
- Les méthylxanthine du café, thé, cacao,
- Les goudrons des aliments torréfiés (café…),

- Le benzo-3-4-pyrène des aliments fumés (poisson, viande),
- Certains additifs alimentaires chimiques,
- Les mycotoxines des moisissures se développant sur les graines des légumineuses et des céréales conservées de manière inadéquate,
- Les nitrosamines (nitrates) contenues en excès dans l'eau des boissons de certaines régions,
- Les métaux lourds issus de la pollution,
- Certains médicaments...

Cette liste est étonnamment semblable à celle des substances nocives que le foie a pour mission de neutraliser et d'éliminer pour protéger l'organisme de leurs effets nocifs.

Un foie qui fonctionne bien est un des éléments fondamental de la lutte contre le cancer, parce qu'il est capable de neutraliser les substances mutagènes qui déclenchent la formation des tumeurs cancéreuses.

Son action n'est d'ailleurs pas seulement préventive, mais aussi curative. En effet, ses puissantes capacités détoxicantes libèrent le terrain des surcharges toxiniques qui entretiennent le développement des tumeurs.

Le fait que le foie soit un organe clé pour la lutte contre le cancer a été reconnu par quelques chercheurs, mais pas assez nombreux encore, étant donné les bienfaits qu'un traitement régénératif du foie pourrait avoir.

« Le cancer résulte d'une insuffisance chronique croissante du foie. »
Dr Caspar Blond, Angleterre

Les maladies auto-immunes (polyarthrite, lupus érythémateux…)

Dans ces maladies de plus en plus courantes, le système immunitaire détruit les cellules corporelles qu'il est censé protéger. De quoi cela vient-il ?

Lorsqu'une personne absorbe de grandes quantités d'aliments contenant des additifs chimiques, des polluants et des toxiques divers, ceux-ci s'accumulent dans les tissus, c'est-à-dire dans les cellules de notre peau, de nos muscles, du squelette, etc. Étant pleines de substances nocives, ces cellules ne sont plus considérées par le système immunitaire comme des cellules normales faisant partie du corps, mais comme des cellules étrangères et dangereuses. Il se retourne alors contre elles et cherche à les détruire.

Le traitement de ces maladies passe par le rétablissement d'un fonctionnement hépatique normal qui empêche les cellules d'accumuler autant de toxiques.

« Les maladies du système immunitaire sont toujours aggravées par tout ce qui fatigue ou endommage le foie. »

Dr Sandra Cabot, Australie

Le système immunitaire protège le corps en détruisant ses agresseurs. Le foie empêche ces agresseurs d'entrer dans le corps. Ainsi, le foie protège le système immunitaire.

Les allergies

Lors d'une réaction allergique, le système immunitaire est en activité de manière exagérée et contre une substance qui n'est pas dangereuse pour l'organisme. Cette dernière n'est ni un microbe, ni un toxique, mais une substance inoffensive comme du pollen, de la poussière, une substance alimentaire…

Les personnes allergiques ont comme caractéristique de mal métaboliser, c'est-à-dire de mal utiliser et éliminer l'histamine. Cette dernière est sécrétée par les cellules pour déclencher les défenses organiques. Une fois utilisée, cette substance doit être neutralisée et éliminée, ce qui se fait directement au niveau des tissus, mais aussi au niveau du foie. Si ce n'est pas le cas, elle stagne dans les tissus ce qui garde le corps dans un état pré-inflammatoire et hyper-réactif. L'hyper-réactivité du système immunitaire provient aussi de l'agression et l'irritation du corps par les toxines en général que le foie devrait neutraliser et éliminer.

Ainsi, **une bonne détoxication du foie est un traitement d'appoint à effectuer dans toute allergie,** qu'il s'agisse de rhume des foins, d'asthme bronchique, d'urticaire, d'œdème de Quincke ou d'allergie au niveau du tube digestif.

À RETENIR

Les ennemis du foie

- *L'alcool en excès :* 95 % de l'alcool est neutralisé par le foie.
- *Le tabac :* à cause des nombreux toxiques qu'il contient.
- *Les médicaments :* nombre d'entre eux sont hépatotoxiques : analgésiques, hormones, antibiotiques, anti-inflammatoires… Il ne faut en prendre que si cela est indispensable.
- *Les drogues :* douces ou fortes.
- *La pollution chimique :* additifs alimentaires, produits de traitement des cultures, métaux lourds de la pollution, solvants, peintures…
- *La suralimentation en général :* car elle surmène le foie.
- *L'excès de corps gras :* viandes grasses, charcuterie, pâtés, saucisses…, friture, cuisine au beurre, margarines hydrogénées.
- *Le sucre blanc et les sucreries :* les sucres excédentaires sont convertis en graisses.
- *Les aliments fumés :* poisson, viande.

EN RÉSUMÉ

Les maladies du foie sont : l'insuffisance hépatique, les calculs biliaires, les hépatites, les cirrhoses.

Les maladies résultant du mauvais fonctionnement du foie sont nombreuses : indigestions, constipation, excès de cholestérol, maladies cardio-vasculaires (sang épais, hypertension, infarctus, attaque cérébrale…), hémorroïdes, maux de tête, les migraines, catarrhes des voies respiratoires, acné, crises d'hypoglycémie, surpoids, cancer, maladies auto-immunes, allergies…

2

COMMENT DÉTOXIQUER MON FOIE ?

AVERTISSEMENT

Les différents procédés de détoxication peuvent être utilisés à titre **préventif** ou **curatif**. Ils sont tous efficaces en soi, mais il est bon d'en combiner plusieurs. Celui qui doit faire partie de tout traitement est la réforme alimentaire. Sans changement de régime, les autres moyens ne sont pas suffisants. Cela reviendrait à vouloir vider une baignoire (le foie) de son eau (ses toxines), sans fermer le robinet d'entrée d'eau (les aliments que nous consommons).

CHAP. 5

LA RÉFORME ALIMENTAIRE

Les aliments que nous consommons ont une influence fondamentale sur l'état de notre foie. Ce dernier est en effet l'organe qui le premier reçoit l'ensemble des substances issues des digestions. Sa force et sa résistance sont donc étroitement dépendantes de ce que nous mangeons.

Il y a trois aspects à considérer en ce qui concerne l'alimentation en relation avec le foie :

- *Les aliments à supprimer :* certains aliments ne font que fatiguer le foie, l'agresser et le surmener. Il est indispensable de connaître ces aliments pour les exclure de notre alimentation.
- *Le régime alimentaire favorable au foie :* il existe une manière de se nourrir adaptée aux capacités du foie. C'est le régime à suivre pour le soutenir et le fortifier.
- *La diète détoxicante :* une diète restrictive, limitée dans le temps, soulage le foie et lui permet de se nettoyer des toxines qui l'encombrent.

Nous terminerons le chapitre en parlant du rôle des compléments alimentaires et du soufre pour revitaliser et soutenir le foie.

Les aliments à supprimer

Certains aliments sollicitent fortement le foie sans être bénéfiques à l'organisme ou, même, en lui étant carrément néfastes. Le foie s'épuise à les transformer ou à neutraliser les toxines qu'ils apportent. Avec le temps, ses capacités diminuent, il s'affaiblit et n'est plus à même de faire son travail correctement.

Les aliments à supprimer sont les suivants :

- Les margarines hydrogénées (riches en acides gras saturés donc de forme « trans »),
- Les huiles pressées à chaud,
- La charcuterie, les saucisses,
- Les aliments fumés (poissons, viande),
- Les aliments riches en sucre (bonbons, biscuits, chocolat, confiture…),

- La cuisine au beurre,
- Les fritures,
- Les chips,
- Les pâtisseries,
- L'alcool,
- Le café, le thé noir,
- Les aliments avec additifs.

Les mauvaises graisses mobilisent beaucoup de forces hépatiques au niveau digestif, ce qui diminue d'autant celles disponibles pour la détoxication. De plus, l'excès d'acides gras s'accumule dans le foie et le gêne dans son fonctionnement (phénomène du foie gras et congestionné).

Certaines personnes pensent faire quelque chose de bien pour leur foie en supprimant à long terme toute consommation de graisse, que celle-ci soit animale ou végétale. Ce n'est cependant pas le cas. En ne mangeant plus de gras, la vésicule biliaire n'est plus poussée à déverser la bile qu'elle contient dans le tube digestif. La bile stagne alors dans la vésicule, s'épaissit et il y a un grand risque que des calculs se forment. De plus, les muscles de la vésicule travaillent moins : ils perdent leur tonicité, ce qui affaiblit la vésicule biliaire.

L'assimilation des vitamines liposolubles, comme les vitamines A, D, E et F (oméga 3, 6...) est également compromise. D'une part, parce que se trouvant dans des aliments gras qui ne sont plus consommés, elles viendront à manquer au corps. D'autre part, parce que ces vitamines ont besoin de bile pour être assimilées, bile qui justement fait défaut par manque de sollicitation de la vésicule biliaire.

L'excès de sucre blanc et de sucreries est préjudiciable au foie, car tout sucre inutile est transformé en graisse et cholestérol qui stagnent dans le foie et le sang.

L'alcool, les additifs, les aliments fumés, etc. épuisent le foie, car c'est lui qui doit neutraliser les toxiques qu'ils contiennent.

Le tabac, les drogues et les médicaments (pris en automédication et, pour cela, souvent inutiles) ne figurent pas dans la liste ci-dessus, car ils ne sont pas d'origine alimentaire, mais ils sont également nuisibles au foie.

Foie malade et graisses

Plus le foie est faible ou malade, moins l'alimentation doit contenir de **graisses** animales, car celles-ci sont riches en acides gras saturés. Les graisses d'origine **végétale** : l'huile première pression à froid et les oléagineux (amandes…) sont riches en acides gras insaturés. Ils sont tolérés, mais en quantités adaptées aux capacités du malade.

Le régime alimentaire favorable au foie

L'alimentation bénéfique au foie est celle qui ne le surmène pas au niveau digestif et qui produit des toxines qu'il peut aisément neutraliser et éliminer. Elle a aussi pour caractéristique d'apporter de nombreux nutriments utiles à son fonctionnement (voir, du même auteur, *Manuel de diététique, de nutrition et d'alimentation saine*).

Les aliments qui font partie du régime favorable au foie sont divisés en trois groupes. Tous sont bénéfiques en soi, mais pas dans n'importe quelle quantité. Certains peuvent être consommés à volonté, d'autres plus modérément car ils demandent davantage de travail au foie. D'autres encore doivent être ingérés en quantités beaucoup plus modestes, car ils sollicitent beaucoup le foie. Ils figurent néanmoins dans ce plan d'alimentation car ils apportent des nutriments indispensables à l'organisme et au foie, par exemple des protéines.

Aliments à consommer à volonté

- Légumes crus et cuits : carotte, fenouil, chou…
- Fruits crus : pomme, poire, raisin…
- Les graines germées : blé, orge, alfalfa…
- Fruits secs : dattes, figues…
- Boissons : eau, infusion, jus de fruits, jus de légumes…
- Épices : romarin, persil, thym, ciboulette…

Aliments à consommer modérément

- Fruits oléagineux : amandes, noisettes…
- Petites graines : tournesol, lin, courge…
- Les farineux : pommes de terre, châtaignes…
- Les céréales : blé, orge, avoine…
- Les pains, biscottes et pâtes complètes…
- Pour sucrer : miel, concentré de poire…

Aliments à consommer en petite quantité

- Les viandes,
- Les poissons,
- Les produits laitiers (fromage, yoghourt…),
- Les œufs,
- Les huiles végétales pressées à froid (colza, tournesol…).

Il est préférable de consommer en priorité les fruits et les légumes de culture biologique et les produits laitiers, les œufs et la viande d'élevage biologique car ils sont exempts de toxiques chimiques (désherbants, insecticides, médicaments…), ce qui soulage le foie. Autant que possible, on choisira aussi des aliments complets puisqu'ils apportent davantage de nutriments dont le foie a besoin que les aliments raffinés.

Il est également impératif de cuisiner léger, c'est-à-dire avec un minimum de graisse (à l'eau, à la vapeur, à l'étouffée…).

La diète détoxicante

La suppression des aliments contre-indiqués pour le foie et l'adoption du régime alimentaire qui lui est favorable permettent au foie de progressivement retrouver ses forces et sa santé. Son rétablissement cependant prend un certain temps. Or, il est possible d'accélérer la détoxication du foie en suivant un régime restrictif (pour plus de détails, voir, du même auteur, *Les Cures de santé*). En effet, en demandant au foie moins de travail au niveau digestif que normalement, il économise des forces. Il peut alors utiliser **les forces non sollicitées pour se débarrasser des toxines qui l'encombrent**. Ainsi, au lieu de s'occuper des toxines provenant des aliments consommés et, en plus, de celles qui le congestionnent, il n'a plus qu'à s'occuper de ces dernières. La détoxication du foie en est grandement accélérée.
Il existe de nombreuses possibilités de faire un régime restrictif, puisqu'une diète devient restrictive à partir du moment où la personne qui la suit mange moins que d'habitude. Selon

l'ampleur de la restriction, la diète sera plus ou moins efficace. Mais, plus elle est restrictive, plus elle sera aussi difficile à suivre physiquement et psychiquement puisqu'il faudra se priver de davantage d'aliments.

TRUCS ET ASTUCES

Un **repas équilibré** est composé de :
2/3 de crudités, salade et légumes
+ 1/3 de farineux et de protéines

En pratique

La diète proposée ici est moyennement restrictive, c'est pourquoi elle devrait convenir à tout le monde. Elle consiste à **ne consommer que des légumes et des fruits pendant 1 à 3 jours.** Les légumes seront consommés crus, cuits ou en jus. Des soupes de légumes maison sont aussi possibles. La cuisson des légumes se fait à l'eau, à la vapeur ou à l'étouffée. Les fruits sont également consommés crus, cuits ou en jus. Aucun sucre ne doit être ajouté aux fruits cuits et les jus de fruits doivent être purs, sans sucre ajouté, mais éventuellement dilués avec de l'eau.

Le repos ainsi offert au foie lui permet de se détoxiquer. Si, à la fin du premier jour de ce régime, vous vous sentez en bonne forme, sans signe d'épuisement et de perte de joie de vivre, continuez un deuxième jour, puis un troisième. La diète sera d'autant plus efficace qu'on lui associera la prise de plantes médicinales, l'usage de la bouillotte ou d'autres moyens de stimuler le foie décrits au chapitre 7.

Cette cure peut être répétée 1 à 2 fois par mois.

Journal des habitudes

Pour mieux pouvoir suivre les changements alimentaires que vous allez opérer, notez chaque jour la composition de vos repas dans le tableau ci-dessous.

	Jour 1 Diète	Jour 2 Diète	Jour 3 Diète	Jour 4	Jour 5	Jour 6	Jour 7
Petit déjeuner							
En-cas du matin							
Déjeuner							
En-cas de l'après-midi							
Dîner							
En-cas du soir							

Apport vitaminique : les compléments alimentaires

Le foie doit bénéficier d'une nutrition optimum pour mener à bien toutes ses activités. Il a particulièrement besoin de vitamines et d'oligoéléments pour activer les nombreux enzymes responsables des transformations biochimiques. De plus, les hépatocytes et les cellules de Kupffer sont fortement sollicités lorsque les quantités de toxines sont importantes et que les toxiques sont très agressifs (voir chapitre 3). Un apport très généreux de vitamines, mais également d'acides aminés leur est dès lors indispensable pour se régénérer et résister aux agressions.

Notre alimentation quotidienne fournit au foie une partie des nutriments dont il a besoin. Mais si le foie est paresseux ou malade, ces apports sont insuffisants. En outre, **les besoins**

nutritionnels d'un foie congestionné ou fonctionnellement diminué sont beaucoup plus élevés. Les compléments alimentaires naturels, qui sont des concentrés de vitamines, d'oligoéléments, de minéraux et d'acides aminés, apportent sous une forme facilement assimilable ce surplus de nutriments dont le foie a besoin. (Voir, du même auteur, *Les Compléments alimentaires naturels*.)

Des recherches ont montré que les nutriments dont le foie avait spécialement besoin étaient les vitamines du groupe B et les acides aminés soufrés, tels que la méthionine.

Les compléments alimentaires naturels qui en sont richement pourvus sont :

- La levure de bière,
- Le germe de blé,
- Le pollen de fleurs.

La levure de bière

Les levures sont des champignons unicellulaires, microscopiques, si bien qu'il en faut 7 milliards pour obtenir 1 g de levure. Cultivées sur un support nutritif, les levures se gorgent de nutriments. Avec la levure de bière, ce support est de l'orge germé et du houblon.

La levure de bière se caractérise par une haute teneur en acides aminés essentiels. Elle est en effet composée à 50 % d'acides aminés, dont la méthionine. Sa teneur est également extrêmement élevée en vitamines du groupe B.

Avec le germe de blé, la levure de bière est la source la plus généreuse en vitamines B qu'offre la nature.

Généralement, les aliments ne contiennent seulement que quelques-unes des 12 vitamines du groupe B. La levure de bière au contraire les possède toutes, ce qui est un atout, car ces vitamines agissent en synergie les unes avec les autres. Cela signifie que l'activité de chaque vitamine est favorisée par la présence des autres.

La levure de bière se présente sous forme de poudre (ou paillettes), de comprimés ou en liquide. Dans ce dernier cas, il s'agit de levure vivante, dont l'efficacité est un peu plus grande que celle des deux premières formes, qui sont des levures séchées.

Cure et dosage

- *Poudre :* 1 ou 2 cuillerées à soupe par jour, saupoudrée sur les aliments une fois cuits, dans la sauce à salade ou dans un yogourt, ou encore bue mélangée à de l'eau ou à un jus de fruits ou de légumes.
- *Comprimés :* leur grandeur varie d'un producteur à l'autre, aussi faut-il se conformer à la posologie indiquée.
- *Liquide :* ici, également, il faut suivre la posologie du fabricant.

La durée des cures est d'autant plus longue que le sujet est carencé. Une cure s'étend sur 2 mois au minimum. Il est bon de la renouveler 1 à 2 fois par année.

ATTENTION !

La levure de bière est contre-indiquée en cas de candidose, dont elle accentue les symptômes.

Le germe de blé

Le germe de blé est très riche en nutriments, parce que c'est en lui que se concentrent tous les matériaux nécessaires aux premières étapes de la croissance de la plante.

Il est particulièrement bien pourvu en vitamines du groupe B. Les 12 vitamines du groupe y sont représentées. Sa teneur est un peu moins élevée que celle de la levure de bière, mais son goût agréable le rend facile à consommer en cure de longue durée. Par ailleurs, **le germe de blé est très riche en vitamine E qui protège le foie et l'aide à se régénérer.**
Le germe de blé se présente sous forme de petits flocons, de couleur beige, légèrement croustillants.

Cure et dosage

Les flocons se mangent mélangés à de l'eau, un jus de légumes ou à un aliment : yaourt, sauce de salade, légumes, flocons de céréales…
Le dosage est de 50 g par jour, ce qui représente 3 à 4 cuillerées à soupe de flocons. Le germe de blé étant fortement stimulant, les personnes de tempérament nerveux devraient se contenter de 1 à 2 cuillerées à soupe de flocons ou opter pour une cure de levure de bière. Les cures durent 2 à 3 mois et doivent être répétées en cas de besoin.

TRUCS ET ASTUCES

Blé germé
Au lieu d'acheter des germes de blé, il est aussi possible de faire germer des graines de blé (1 cuillerée à soupe par jour), dans une assiette ou dans un germoir. Lorsque le germe apparaît au bout de 3 à 5 jours, on le mange en même temps que le grain.

Le pollen de fleurs

Le pollen de fleurs est la semence mâle des plantes. Il est visible dans le calice des fleurs, sous forme d'une fine poudre colorée. Les abeilles sont avant tout connues pour récolter du nectar avec lequel elles fabriquent du miel. Cependant, elles récoltent encore davantage de pollen (30 à 40 kg par an, contre 18 à 21 kg de nectar). Le pollen est important pour les abeilles, car il constitue leur aliment de base.

Le pollen est riche en protéines et possède les 8 acides aminés essentiels. L'un d'entre eux est présent en quantité particulièrement élevée : la méthionine. Il en contient 3,5 g pour 100 g ! **C'est la présence de méthionine en quantité si généreuse qui fait du pollen un puissant détoxiquant du foie.**

Cure et dosage

Le pollen se présente sous forme de petites pelotes (visibles sur les pattes des abeilles) ou de comprimés.

Le dosage est de 2 à 3 cuillerées à café pleines par jour. Mais, le pollen étant particulièrement excitant, certaines personnes doivent se contenter d'une dose plus faible : 1 cuillerée à café par jour.

Les pelotes sont mâchées et bien insalivées avant d'être avalées, pour les personnes qui en supportent le goût très particulier. Pour les autres (la majorité), il est avalé mélangé à de l'eau, un jus de fruits… ou incorporé aux aliments.

Les cures vont de 1 à 3 mois.

LE SAVIEZ-VOUS ?

La méthionine en gélules

De la méthionine pure est présente dans le commerce en tant que complément alimentaire. Une fois assimilée, elle sera convertie en acide aminé cystéine, un précurseur du glutathion, un détoxifiant très efficace du foie.

Il existe de très nombreux compléments alimentaires de méthionine. La teneur des gélules varie avec le fabricant, aussi faut-il suivre la posologie donnée.

Le soufre

De tout temps, le soufre a été utilisé pour soigner les troubles hépatiques. Les recherches modernes ont révélé quelles étaient les actions de celui-ci sur le foie.

Ses actions

Le soufre est bénéfique pour le foie parce qu'il :

Stimule la production de bile par les hépatocytes :

Le soufre est connu comme étant un carburant pour les hépatocytes. S'ils n'en reçoivent pas assez, leur fonctionnement ralentit et la quantité de toxines et toxiques filtrée et éliminée diminue. Par contre, leur fonctionnement est normal s'il leur est fourni assez de soufre, il peut même être intensifié en cas d'apport généreux.

Active de nombreux enzymes participant à la détoxification :

Les enzymes sont responsables de toutes les transformations biochimiques nécessaires au fonctionnement et de la détoxification de l'organisme. En soi, ils ont la capacité de réaliser un travail énorme, mais pour l'effectuer ils doivent d'abord être activés, c'est-à-dire stimulés. Cette impulsion de départ, pour les enzymes du foie, est fournie principalement par le catalyseur qu'est le soufre. Sans lui, les transformations biochimiques nécessaires à la neutralisation et l'élimination des toxines ne se fait pas ou très mal.

Chélate, c'est-à-dire neutralise des métaux lourds :

Les métaux lourds comme le plomb, le mercure, etc. sont dangereux pour le corps car ils y agissent comme un poison. Grâce au soufre, le foie inactive leurs propriétés toxiques.

Cette neutralisation est bénéfique non seulement parce que le corps ne doit pas subir l'agressivité des toxiques, mais également parce que cela facilite son évacuation hors des tissus, puis hors de l'organisme.

Entre dans la composition d'acides aminés (taurine, méthionine, cytine, cystéine) nécessaires au foie pour se détoxiquer et se régénérer :
Le soufre est nécessaire à la neutralisation des métaux lourds, mais également d'autres sortes de toxiques. Il est utilisé tel quel ou associé à des acides aminés. Ces acides aminés soufrés se combinent alors avec les toxiques pour qu'ils puissent être neutralisés et éliminés.

Favorise l'oxygénation du foie :
Comme toutes les autres cellules du corps, celles du foie ne peuvent travailler que si elles sont bien oxygénées. Le soufre est un des nutriments qui participent à cette bonne oxygénation. Celle-ci est d'autant plus nécessaire que le foie, avec ses plus de 500 fonctions, effectue un travail énorme (voir chapitre 3).

Les aliments riches en soufre

De nombreux aliments contiennent du soufre. Des fortes carences en ce minéral sont donc plutôt rares. Cependant, le fait d'en fournir au foie intensifie son rythme de fonctionnement, ce qui favorise la détoxication.

Le tableau ci-contre présente les aliments dont la teneur en soufre est particulièrement élevée.

Aliments	Teneur en soufre (en mg pour 100 g)
Chairs animales	
Fruits de mer	180 – 370
Poisson	130 – 290
Volaille	230 – 280
Viande	140 – 250
Œufs	188
Crucifères (famille des choux)	
Brocoli	137
Chou de Bruxelles	80
Chou blanc et vert	70
Chou rouge	68
Alliacées (famille de l'ail)	
Poireau	72
Ciboulette	49
Ail, échalote, oignon	34
Légumes	
Haricot vert	220
Raifort	212
Mâche	200
Persil	190
Pois sec	174
Cresson	147
Laitue	60
Maïs	57
Petit pois	55
Radis	39
Navet	34
Pomme de terre	30
Épinard	29
Fruits et oléagineux	
Avocat	225
Noix du Brésil, noisette	198
Noix	180
Amande	155
Pêche	140
Abricot	100

Les eaux minérales soufrées

Certaines eaux minérales sont riches en soufre et pour cette raison elles sont recommandées pour tonifier le foie. Une prise régulière de ces eaux, comme boisson de table et entre les repas, à raison de 1 à 1,5 litre par jour, aide le foie à se détoxiquer. Une cure s'étend sur 1 à 2 mois au minimum.

Les eaux minérales riches en soufre

Hépar	1530 mg/l
Courmayeur	1420 mg/l
Contrex	1187 mg/l
San Pellegrino	476 mg/l
Vittel	336 mg/l
Saint-Yorre	174 mg/l
Vichy Célestin	138 mg/l
Fontessa (Suisse)	120 mg/l

Oligoélément : soufre

Le soufre peut également être pris en oligoélément. Sous cette forme, la quantité de soufre est extrêmement réduite. Il ne s'agit donc pas d'un apport quantitatif, mais qualitatif.
Le soufre pris en oligoélément catalyse les enzymes de détoxication du foie, autrement dit il les active. Il favorise également l'assimilation du soufre reçu par le corps par le biais des aliments et des eaux minérales.
Le remède oligoélément se présente sous forme d'un liquide contenant le soufre. Le flacon est accompagné d'une mesurette ou il est lui-même un flacon doseur.

Dosage et cure

Le dosage habituel est de 1 mesurette par jour. Afin de favoriser son assimilation, le liquide doit être pris à jeun, le matin. Il est gardé 1 minute sous la langue pour faciliter sa pénétration dans les vaisseaux sanguins de la bouche. Il est ainsi tout de suite à disposition de l'organisme.

1 mesurette d'oligoélément soufre, à jeun le matin. Garder 1 minute sous la langue avant d'avaler.

Des réactions telles que nausées, diarrhées... peuvent être déclenchées par la prise d'oligoélément soufre. Il est donc préférable de débuter la cure avec une prise tous les 3 jours, afin d'observer les réactions du foie. En absence de troubles, augmenter progressivement la fréquence à tous les 2 jours, puis à 1 fois par jour.
Si les réactions sont trop fortes, il est préférable d'arrêter les prises et de se contenter de prendre du soufre sous une autre forme (boissons, aliments...).
Une cure s'étend sur 2 à 4 mois.

EN PRATIQUE

Attention aux graisses, au sucre et à l'alcool, qui épuisent le foie. **Une diète restrictive soulage le foie.**

Misez sur les fruits et les légumes, qui stimulent le travail du foie.

Les besoins du foie en nutriments sont très élevés. Trois compléments alimentaires sont spécialement recommandés pour le foie : la levure de bière, le germe de blé et le pollen de fleurs.

Le soufre favorise la détoxification par le foie. Il y a trois manières de prendre du soufre : par les aliments, par les eaux minérales, en oligoéléments.

CHAP. 6

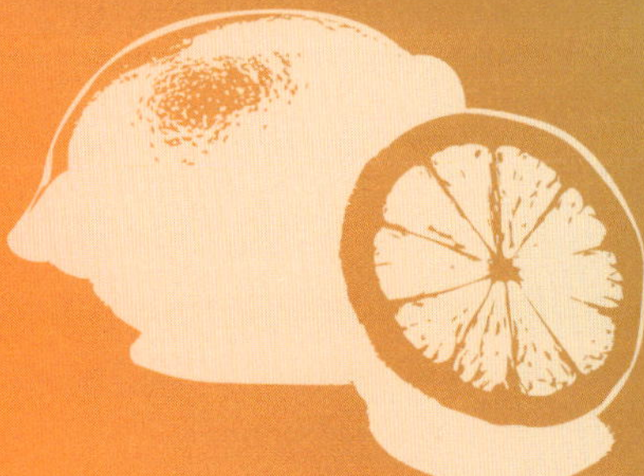

LES PLANTES HÉPATIQUES

La phytothérapie est l'un des moyens les plus efficaces de stimuler le travail du foie. Les plantes médicinales utilisées sont dites «hépatiques» ou «draineuses du foie».

L'action des plantes hépatiques

Elles agissent de trois manières différentes :

Effet cholérétique

La plante augmente la sécrétion de bile. Elle le fait en stimulant les hépatocytes à produire davantage de bile. Dans le meilleur des cas, la production peut doubler ! C'est non seulement un avantage pour mieux digérer, mais également parce que plus cette quantité de bile est importante, plus la quantité de toxines et de toxiques dont le corps se débarrasse est grande.
Les principales plantes cholérétiques sont : l'artichaut, la bourdaine, le chardon-Marie, la chélidoine, la chicorée, le curcuma, la dent-de-lion, la gentiane, le romarin et le solidago.

Effet cholagogue

La plante agit avant tout sur la vésicule biliaire. Elle accroît sa contractibilité en tonifiant et stimulant les muscles de ses parois. La vésicule se contractera mieux et éjectera plus complètement la bile. Il en résulte une augmentation de la quantité de bile disponible pour les digestions et de celle des toxines éliminées. De plus, le risque de formation de calcul diminue très fortement.
Les principales plantes cholagogues sont : l'artichaut, le boldo, l'épine-vinette, le polypode, le radis noir.

Effet protecteur

La plante protège les hépatocytes des agressions. Les cellules du foie ont en effet pour mission de neutraliser les toxiques dangereux pour l'organisme, mais elles peuvent elles-mêmes être agressées par ces toxiques. Heureusement, la nature offre des plantes qui les protègent de telles agressions. Ces plantes sont dites « hépato-protectrices ».

Elles agissent de la manière suivante :

- Elles **freinent la pénétration des toxiques dans les hépatocytes** en augmentant la résistance de leur membrane. Normalement, les toxiques, les virus de l'hépatite, l'alcool... ne pénètrent pas dans les hépatocytes, mais restent à l'extérieur (dans l'espace de Disse) pour être neutralisés. Cependant, à cause de leur agressivité certains toxiques blessent la membrane cellulaire et envahissent la cellule. Les dommages engendrés empêchent alors les hépatocytes de faire leur travail, ou blessent et tuent une partie des cellules hépatiques. L'action des plantes hépato-protectrices consiste à éviter ou diminuer cette agression.
- Elles **augmentent la production de molécules et d'enzymes que le foie utilise pour détruire les toxiques.** Ces derniers sont ainsi plus vite et plus efficacement neutralisés, ce qui préserve d'autant le foie de leur action néfaste.
- Elles **stimulent la régénération des cellules blessées** en favorisant la synthèse des protéines nécessaires à cet effet. De cette manière, ces cellules sont guéries et à nouveau actives en un temps plus court.
- Elles **stimulent le remplacement des cellules**, maintenant ainsi le foie en bon état de fonctionnement.

Les principales plantes hépato-protectrices connues à ce jour : le chardon-Marie, le chrysantellum, le desmodium.

Les plantes hépato-protectrices sont spécialement recommandées aux personnes dont le foie a souffert de la prise de médicaments, de drogues, d'excès d'alcool, des virus de l'hépatite, d'intoxication chimique, d'empoisonnement…

Les propriétés cholérétiques, cholagogues et hépato-protectrices sont diversement réparties dans les plantes médicinales hépatiques. Aucune plante n'est exclusivement cholérétique ou cholagogue. Les deux propriétés sont toujours présentes, mais l'une prédomine sur l'autre. Les propriétés hépato-protectrices sont en revanche plus rares. En l'état actuel des connaissances, seule une minorité de plantes hépatiques en est dotée.

Comment prendre les plantes hépatiques

Pour obtenir un effet en profondeur sur le foie, il est bon de prendre des plantes hépatiques **3 fois par jour, avant les repas**. De cette manière, il est stimulé et soutenu 3 fois par jour dans son travail. Avec ces prises régulières et répétées dans le temps, le foie se décongestionne peu à peu des déchets qui l'encombrent. Il se fortifie, retrouve son fonctionnement normal et, même, se met à travailler de manière plus intensive.

Durée des cures

La congestion du foie par les déchets et son affaiblissement est un processus qui s'est étendu dans le temps. Des années d'intoxication progressive ne peuvent évidemment pas être compensées en quelques jours de cure. La pratique a montré que si des effets bénéfiques se manifestent déjà au bout de quelques jours de cure, celle-ci doit s'étendre sur 2 ou 3 mois pour agir en profondeur. Après une pause de 1 à 2 mois, la cure est reconduite. 1 à 2 cures par an est un bon rythme pour l'entretien du foie.

TRUCS ET ASTUCES

Pour démarrer, faites une cure de 6 semaines. Toutes les 2 semaines, changer de plante afin d'acquérir de l'expérience dans l'utilisation des plantes hépatiques. Avec le temps, vous trouverez les plantes qui vous conviennent le mieux.

Dosage

Les dosages généralement donnés pour les plantes hépatiques sont des dosages moyens qui doivent être adaptés à chaque cas particulier. En effet, les réactions du foie aux plantes varient d'un individu à l'autre. Pour certaines personnes, le dosage moyen sera trop bas, pour d'autres il sera trop haut.

Le but est de prendre autant de plantes que nécessaire pour obtenir un bon effet, mais sans que ce dernier soit trop marqué et n'incommode la personne. L'effet que déclenche la prise de plantes hépatiques ne peut pas s'observer directement sur le foie, mais indirectement sur les intestins. En effet, la sécrétion plus importante de bile déclenchée par la plante a des effets laxatifs. Les selles deviennent plus liquides et, au lieu d'être quotidienne, l'élimination des selles se fera 2 ou 3 fois par jour. Le dosage correct est donc celui qui est le plus élevé possible, mais sans que l'effet laxatif soit trop fort.

Il est recommandé de commencer par un dosage inférieur au dosage moyen, puis de l'augmenter de jour en jour jusqu'à ce qu'un léger effet laxatif soit obtenu. Ce dernier est le signe que le dosage est adapté.

Neuf plantes très efficaces pour détoxiquer le foie

Chacune de ces plantes est bénéfique en soi, mais il est préférable de changer de plante au cours d'une cure longue. D'une part, on évite ainsi que le corps s'habitue à la plante et qu'il ne réagisse de moins en moins à celle-ci, d'autre part, chaque plante agissant un peu différemment, on varie les modes de stimulation du foie.

LE SAVIEZ-VOUS ?

Teinture-mère : certains fabricants proposent des associations de plusieurs plantes hépatiques (Depuragem, Dr Vogel, Herbamed…).

Tisanes : dans le commerce, on trouve de nombreuses tisanes « foie-vésicule » ou « hépatiques », composées d'un mélange de plantes aux vertus hépatiques complémentaires. Votre herboriste pourra vous en proposer et vous conseiller.

Voici, dans l'ordre alphabétique, neuf plantes très efficaces pour drainer le foie :

Artichaut *(Cynara scolymus)*

La partie utilisée en thérapie n'est pas le bouton de la fleur que l'on mange, mais les feuilles. Elles stimulent la production de bile de manière efficace, mais douce, d'où sa popularité pour drainer le foie. Elles sont spécialement recommandées pour les enfants et les personnes âgées. Elles ont également des vertus légèrement diurétiques.

Infusion : 10 g de feuilles par litre d'eau, laisser infuser 10 minutes, boisson très amère, 3 tasses par jour.
Gélules : 1 – 2 gélules, 3 fois par jour.
Teinture-mère : 20 à 30 gouttes, 3 fois par jour.

Chardon-Marie *(Silybum marianum)*

Cette plante appartient à la famille des chardons. Ses fleurs sont de couleur pourpre violacée et ses feuilles bordées d'épines. Généralement, ce sont ses feuilles qui sont utilisées, mais des études récentes ont montré que les graines du chardon-Marie contenaient de la silymarine, une substance hépato-protectrice. Aux vertus stimulantes sur la production et le transit de bile connues depuis longtemps, s'ajoutent donc ses vertus régénératrices sur les hépatocytes.

Infusion : 1 – 2 cuillerées à café de plante par tasse, laisser infuser 10 minutes, 3 tasses par jour.
Gélules : 1 – 2 gélules, 3 fois par jour.
Teinture-mère : 20 à 30 gouttes, 3 fois par jour.

Chrysanthellum *(Chrysanthellum americanum)*

Cette plante herbeuse de 15 à 30 cm de haut ressemblant un peu à de la camomille pousse en Amérique du Sud et en

Afrique. Traditionnellement utilisée pour détoxiquer le foie, elle s'est révélée dernièrement comme une plante aux vertus hépato-protectrices puissantes.

Décoction : 10 g de plantes sèches (5 cuillerées à café bombées) pour 0,75 litre d'eau, faire bouillir 10 minutes à feu doux, boire en 3 fois dans la journée.

Gélules : 1 – 2 gélules, 3 fois par jour.

Teinture-mère : 30 à 50 gouttes, 3 fois par jour.

Dent-de-lion *(Taraxacum officinalis)*

Cette plante bien connue égaye les prairies de ses fleurs d'un jaune vif. Ses longues feuilles sont « dentées » d'où son nom. Elle stimule toutes les fonctions du foie, c'est-à-dire aussi bien la production que l'élimination de la bile. Elle est considérée par bien des phytothérapeutes comme une des meilleures plantes hépatiques. Son utilisation pour faire des salades est aussi fortement recommandée.

Infusion : 1 grosse poignée de feuilles et de racines pour 1 litre d'eau, faire bouillir 2 minutes, puis laisser infuser 10 minutes, 3 tasses par jour.

Gélules : 1 – 2 gélules, 3 fois par jour.

Teinture-mère : 30 à 50 gouttes, 3 fois par jour.

Desmodium *(Desmodium adscendens)*

Plante rampante de la famille des légumineuses poussant dans les lieux humides des régions tropicales. Elle a une action protectrice et régulatrice très marquée sur le foie.

Infusion : 1 cuillerée à café de plante sèche pour 3 décilitres d'eau, faire bouillir 2 minutes, puis laisser infuser 10 minutes, 3 tasses par jour.

Teinture-mère : 30 à 50 gouttes, 3 fois par jour.

Fumeterre *(Fumaria officinalis)*

Les sommités fleuries de cette plante, surnommée « herbe à la jaunisse », sont d'excellents régulateurs de toutes les fonctions hépatiques.

Infusion : 1 grosse poignée de sommités fleuries pour 1 litre d'eau, laisser infuser 10 minutes, 3 tasses par jour.

Gélules : 1 – 2 gélules, 3 fois par jour.

Teinture-mère : 10 à 20 gouttes, 3 fois par jour.

Radis noir *(Raphanus sativus)*

Ce radis de forme allongée et se terminant en pointe peut atteindre 15 à 20 cm. Sa chair est blanche, mais, contrairement aux autres radis, son enveloppe n'est pas rouge ou rose, mais noire. Il a le goût piquant et soufré typique des radis. Le radis noir est un excellent stimulant du foie, mais agit avant tout sur la vésicule biliaire (effet cholagogue). Son usage en cuisine est fortement recommandé.

Ampoule de jus de radis noir : 1 à 3 ampoules par jour.

Gélules : 1 – 2 gélules, 3 fois par jour.

Teinture-mère : 30 à 40 gouttes, 3 fois par jour.

Romarin *(Rosmarinus officinalis)*

Arbrisseau des régions méditerranéennes, le romarin est recouvert de petites feuilles aux vertus puissamment cholérétiques (peut doubler la production de bile) et cholagogues. À cause de sa puissance d'action, il faut se limiter à des cures de 1 mois. Le romarin a un effet très stimulant et dynamisant, aussi n'est-il pas recommandé aux personnes de tempérament nerveux. Son usage en cuisine est fortement recommandé.

Infusion : 1 cuillerée à café de feuilles par tasse, laisser infuser 15 minutes, 2 à 3 tasses par jour.

Gélules : 1 – 2 gélules, 3 fois par jour.
Teinture-mère : 20 à 40 gouttes, 3 fois par jour.

Solidago *(Solidago virga aurea)*
Les sommités fleuries de cette plante sont d'un jaune vif prononcé d'où son surnom populaire de « Verge d'or ». Elles fleurissent en fin d'été. C'est un excellent stimulant des fonctions hépatiques, qui possède aussi des vertus diurétiques.

Infusion : 1 poignée de plante pour 1 litre d'eau, faire bouillir 2 minutes, puis laisser infuser 10 minutes, 3 tasses par jour.
Gélules : 1 – 2 gélules, 3 fois par jour.
Teinture-mère : 30 à 40 gouttes, 3 fois par jour.

Soins en cas de calculs biliaires

Les plantes hépatiques ne stimulent pas seulement le foie, elles agissent également sur les calculs biliaires.
L'élimination des petits calculs, c'est-à-dire ceux dont les dimensions permettent le passage par le canal cystique et cholédoque, s'effectue avec les plantes hépatiques cholagogues.

Les plantes cholagogues déclenchent la vidange de la vésicule. La vidange qui en résulte débarrasse la vésicule des boues stagnantes et des petits calculs. Mais en plus de cette action ponctuelle, **les plantes cholagogues tonifient les muscles des parois de la vésicule.** Quand le corps sollicitera de la bile pour la digestion, la vésicule se contractera avec plus d'efficacité. Elle se videra plus complètement que jusque-là, ce qui avec le temps la débarrassera de toute la boue et des microcalculs qui s'y trouvent.

La cure de radis noir

Une plante fortement indiquée pour effectuer cette vidange est le radis noir. La cure consiste à avaler tous les matins à jeun pendant 1 à 2 mois :

1 cuillerée à café (50 gouttes) de teinture-mère de radis noir, mélangée au jus d'un citron. Diluer le tout dans un grand verre d'eau.

Le citron a un rôle d'accompagnement. Il stimule les sécrétions hépatiques, gastriques et pancréatiques. Il n'y a pas d'inconvénient majeur à ne pas le prendre. Il est même recommandé de s'en abstenir si l'on est sensible aux acides des fruits.

Une alternative à la teinture-mère de radis noir est l'emploi d'ampoules de jus de radis noir.

L'action cholagogue du radis noir est douce est progressive. Elle ne déclenche pas de contractions violentes de la vésicule, qui pourraient entraîner la migration de gros calculs. Au contraire, c'est en douceur qu'elle tonifie les muscles de la vésicule. Les boues et microcalculs sont ainsi éliminés progressivement et sans heurts.

À noter que la dent-de-lion (*Taraxacum*) agit de manière similaire. Elle s'utilise de la même manière.

La cure d'huile d'olive

Une autre manière d'effectuer la vidange de la vésicule biliaire est la cure d'huile d'olive.

L'arrivée de graisses au niveau du duodénum donne le signal à la vésicule biliaire de se contracter. Normalement, cela se passe au cours des repas. Mais il est possible de tirer profit de ce processus en avalant volontairement une grosse quantité de graisse en dehors des repas. Elle engendrera une forte stimulation et vidange de la vésicule, et par là, l'élimination des boues et petits calculs qu'elle contient. Depuis longtemps, cet apport de graisse est réalisé avec l'huile d'olive. Veillez à prendre une huile de première pression à froid.

Deux cures sont possibles :

- Pendant 10 à 15 jours, tous les matins à jeun, avaler 1 à 2 cuillerées à soupe d'huile d'olive ; la cure est à répéter **plusieurs fois dans l'année.**

- Faire une diète le soir qui précède la cure en ne consommant qu'une soupe de légumes ou des crudités. Le lendemain matin à jeun, avaler 100 millilitres d'huile d'olive (1 dl ou 6 à 7 cuillerées à soupe). Une demi-heure après, l'huile arrivera au duodénum et provoquera une énergique vidange de la vésicule. La cure est à répéter 3 jours de suite ou 1 fois par mois pendant 3 mois. Cette méthode est assez violente. Elle sollicite fortement le tube digestif à cause de la grande quantité d'huile avalée. Pour faciliter sa digestion, on ajoute un jus de citron à l'huile.

ATTENTION !

L'efficacité de la cure est aussi son point faible. La forte vidange peut entraîner avec elle un gros calcul qui bouchera le canal cystique ou cholédoque !

Dissoudre les gros calculs ?

Certains calculs sont beaucoup trop gros pour pouvoir s'engager dans le canal cystique et cholédoque afin de gagner l'intestin. Leur diamètre dépasse celui de ces canaux. L'idéal serait par conséquent de disposer d'un moyen de dissoudre les calculs. Réduits en «poussière», ils seraient alors faciles à éliminer dans la bile.

Au cours du temps, différentes plantes médicinales ont été proposées. Parmi celles-ci : l'artichaut, le boldo, le bouleau, l'ortie, le radis noir, etc. Leur mention en tant que plantes dissolvantes des calculs est cependant sujette à caution. En effet, la preuve que ces plantes possèdent cette propriété n'a jamais été clairement apportée. Les améliorations observées à la suite de la prise de ces plantes semblent plutôt dues à l'énergique vidange de la vésicule. Débarrassée des boues et petits calculs, elle fonctionne beaucoup mieux, même si les gros calculs s'y trouvent encore.

EN PRATIQUE

Les plantes hépatiques stimulent le travail du foie de trois manières différentes : elles stimulent la production de bile, la vidange de la vésicule biliaire et protègent les cellules du foie des poisons. On peut les prendre en cure sous forme d'infusions, de gélules ou de teinture-mère.

Grâce à une cure adaptée, le foie se décongestionne peu à peu des déchets qui l'encombrent. Il se fortifie, retrouve son fonctionnement normal et, même, se met à travailler de manière plus intensive.

Les plantes médicinales cholagogues favorisent l'évacuation des petits calculs biliaires. Deux cures sont possibles : la cure de radis noir ou la cure d'huile d'olive.

CHAP. 7

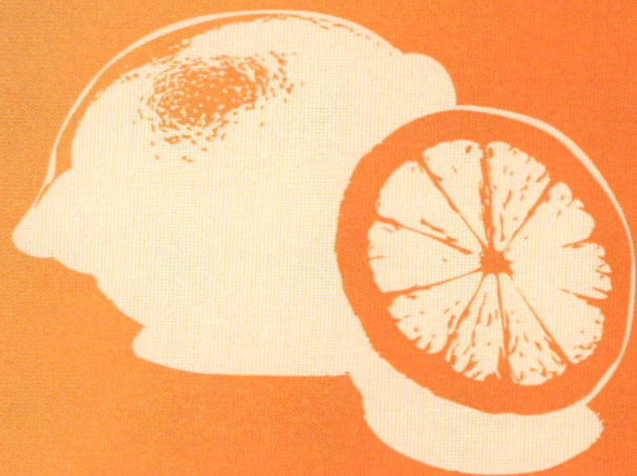

BOUILLOTTE, GYMNASTIQUE ET MASSAGES POUR STIMULER LE FOIE

À côté de l'alimentation et des plantes, il existe d'autres méthodes, externes, pour stimuler le foie et activer son bon fonctionnement.

La bouillotte chaude

La bouillotte chaude est un moyen extrêmement efficace pour stimuler le fonctionnement du foie. En effet, le foie a besoin de chaleur pour travailler. Il est d'ailleurs l'organe le plus chaud du corps. Sa température se situe entre 39 °C et 41 °C. L'exécution de ses multiples fonctions produit beaucoup de chaleur. Le foie est non seulement habitué à travailler à cette température, mais il en a besoin pour fonctionner correctement.

De la chaleur pour le foie

Une perte de chaleur au niveau de la glande hépatique ralentit son fonctionnement. Elle survient lorsqu'une personne s'affaiblit à cause d'une maladie, mais aussi lors de surmenage, de stress, de sous-nutrition, de carences nutritionnelles… ou tout simplement si l'on ne s'habille pas assez chaudement. La diminution de la température a une action vasoconstrictrice sur les capillaires sanguins du foie. Leur diamètre se réduit, ce qui ralentit la circulation sanguine, et abaisse la quantité de sang qu'ils contiennent. Or, normalement, le foie est un organe particulièrement bien approvisionné en sang. Comme nous l'avons vu, il pèse 1,5 kg sec et 2,5 kg gorgé de sang. Le sang représente donc presque la moitié de son poids. Il s'agit du sang qui circule dans les capillaires sinusoïdes qui serpentent entre les hépatocytes.

Un manque de sang dans le foie ralentit son fonctionnement. La filtration et l'élimination de déchets sont plus faibles. Le problème de baisse de température du foie peut être contrecarré par l'apport de chaleur. Un moyen simple de le faire : utiliser une bouillotte chaude.

En lui apportant de la chaleur, la bouillotte chaude intensifie le fonctionnement du foie.

Appliquée sur la région du foie, la chaleur de la bouillotte va se transmettre à cet organe. La température de ce dernier va s'élever. Ses capillaires sanguins se dilatent, ce qui augmente automatiquement la quantité de sang présente dans le foie. Elle remonte à la normale, et peut même aller plus haut pendant la durée de l'application. Le foie sort de sa « torpeur » et se met à nouveau à fonctionner avec élan et efficacité.

Marche à suivre

- *Poser la bouillotte remplie d'eau chaude à la hauteur du foie.* L'eau chaude prise au robinet est suffisante, par contre, celle obtenue avec une bouilloire est trop élevée. La bouillotte est posée sur les habits ou directement sur la peau.
- *Maintenir pendant 15 à 30 minutes.* On débute avec des séances courtes (10 minutes), puis on les augmente progressivement jusqu'à 30 ou 45 minutes. Le sujet doit être immobile, en position soit assise soit couchée. Il peut bien sûr se mouvoir un peu, mais de manière à éviter que la bouillotte ne se déplace.
- *1 à 3 fois par jour,* de préférence après les repas. Les séances ont lieu après les repas, pendant la sieste, au lit avant de s'endormir, assis en lisant…

Gymnastique pour le foie

Le foie est non seulement un organe riche en sang (presque la moitié de son poids), mais il est traversé par un fort débit de sang (1 litre par minute sur 5 litres au total). Le foie a besoin de tout ce sang pour fonctionner correctement.

La congestion du foie se caractérise par une stagnation du sang et de déchets dans cet organe. Or, comme dans un cercle vicieux, le ralentissement de la circulation sanguine favorise à son tour la congestion du foie. En effet, la poussée du sang arrivant dans le foie n'est pas suffisante pour chasser plus loin le sang qui s'y trouve. Le foie ne se « vide » pas assez de son sang, son débit passe en dessous d'un litre par minute. On pourrait aussi dire que le filtre hépatique ne subit pas une pression assez élevée pour que le filtrage s'opère correctement.

L'exercice physique est une manière de remédier à la stagnation du sang au niveau du foie.

L'exercice physique accélère fortement la circulation du sang en général, donc celle du foie.

ATTENTION

Pour être physiologiques, ces exercices doivent être introduits progressivement et être pratiqués sans exagération.

Deux procédés sont utiles ici : l'auto-massage du foie par des exercices de flexion et l'augmentation du débit sanguin par l'essoufflement.

Auto-massage du foie par flexions

Le but de ces flexions est d'exercer une pression sur le foie et la vésicule biliaire, de telle sorte qu'ils se vident de leur sang. Les vaisseaux de ces organes étant comprimés, le sang stagnant et chargé de déchets est chassé plus en avant dans le système circulatoire. Le vide ainsi créé dans les vaisseaux est tout de suite rempli par du sang neuf et bien oxygéné. En répétant les mouvements plusieurs fois, le foie est alternativement compressé puis décompressé. Il se trouve dans la situation d'une éponge que l'on débarrasse du liquide sale qu'elle contient, en la serrant et la relâchant plusieurs fois de suite.

Flexions latérales du tronc

- Se mettre en position debout,
- Mettre les bras au-dessus de la tête, à la verticale,
- Effectuer alternativement des flexions à gauche, puis à droite,
- Rythmer les flexions avec votre respiration,
- Inspirer lors de la flexion à droite, pour que le poumon plein d'air écrase plus efficacement le foie,
- Effectuer trois séries de 10, 20 ou 30 flexions par jour, entrecoupées d'une pause.

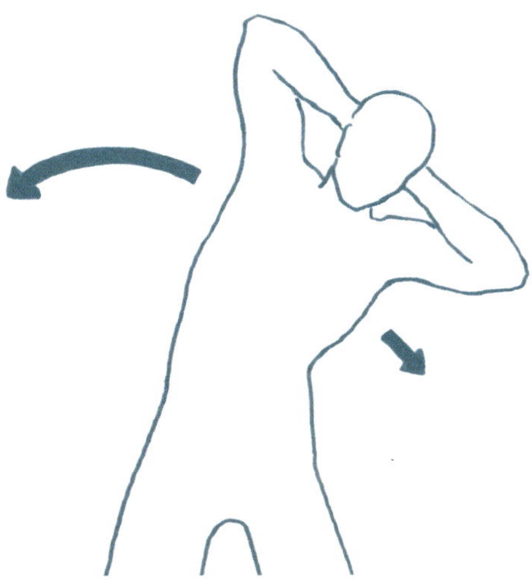

Flexions latérales du tronc.

Flexions du tronc en avant

- Se mettre en position assise,
- Joindre les deux mains sur la nuque,
- Pencher le tronc en avant jusqu'à ce qu'il touche les jambes,
- Rythmer les flexions avec votre respiration,
- Inspirer lors de la flexion avant, expirer en vous redressant,
- Effectuer trois séries de 10, 20 ou 30 flexions par jour, entrecoupées d'une pause.

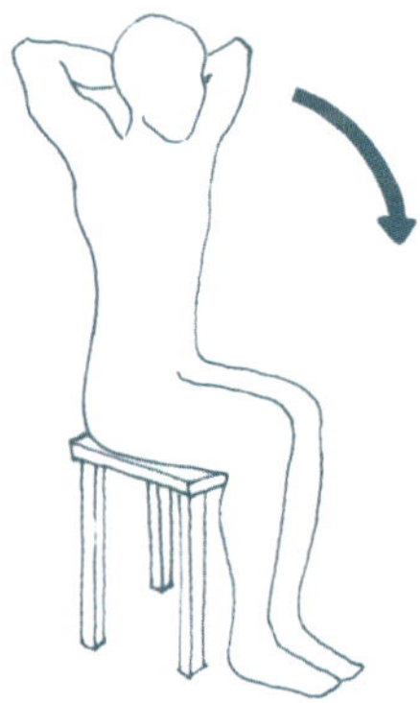

Flexions du tronc en avant.

Augmentation du débit sanguin par l'essoufflement

Lorsque le foie fonctionne correctement, l'ensemble du sang que l'être humain possède (5 litres) le traverse toutes les 5 minutes. Cela n'est cependant pas le cas lorsque le filtre hépatique est congestionné. Le débit du sang est alors nettement inférieur.
Le rétablissement d'un débit normal du sang à travers le foie, et même l'augmentation de celui-ci, s'obtient par des activités physiques qui engendrent un essoufflement. Pourquoi l'essoufflement est-il nécessaire ?

Les muscles ont besoin d'oxygène pour travailler. Plus l'activité musculaire est intense, plus les besoins en oxygène augmentent. Pour y faire face, nous respirons plus profondément et plus rapidement pour absorber le maximum d'oxygène possible. L'accélération de la respiration entraîne alors une accélération de la circulation sanguine, puisque c'est le sang qui transporte l'oxygène aux muscles. Ceux-ci le reçoivent alors rapidement et en grande quantité. Ainsi, l'essoufflement est le signe que la circulation du sang a augmenté et c'est cet essoufflement qu'il faut obtenir à l'aide d'exercices, pour être sûr que le débit sanguin se soit nettement élevé.

Le moyen le plus efficace d'obtenir un essoufflement est de solliciter les plus grosses masses musculaires de notre corps, à savoir les cuisses. Leur besoin en oxygène est élevé et augmente vite avec l'exercice. Le fort essoufflement qui en résulte peut doubler ou tripler la vitesse du sang et par conséquent, son passage à travers le foie !

Différents exercices sont possibles :

Flexions sur les cuisses

- Se tenir debout, jambes légèrement écartées,
- Fléchir les genoux de manière à amener les fesses près des talons,
- Avancer les bras devant soi pour garder l'équilibre,
- Une fois assis sur les talons, tendre les jambes, pour retrouver la position de départ,
- Faire 3 séries de 10, 20… flexions, selon vos possibilités,
- S'accorder un temps de repos entre chaque série.
- Avec l'entraînement, accélérer la vitesse avec laquelle les flexions sont effectuées : plus elles sont faites rapidement, plus l'essoufflement et la circulation s'accélèrent.

Course à pied ou jogging

- Courir à allure modérée jusqu'à ce que l'essoufflement soit atteint,
- Interrompre la course, puis marcher tranquillement jusqu'à ce que la respiration et le rythme cardiaque soient revenus à la normale.
- Effectuer 2 ou 3 courses similaires sur le même modèle.
- L'essoufflement est plus vite atteint sur une montée, colline ou un escalier, que sur un terrain plat.

Vélo

- Faire une sortie à vélo en pédalant à un rythme soutenu pendant 15 à 30 minutes ou plus, selon vos possibilités physiques. L'effort engendre un essoufflement profond qui déclenche une forte accélération du sang à travers tout le corps et entre autres au niveau du foie.

Les exercices présentés ne sont pas les seuls possibles. En réalité, toute activité physique ou sportive soutenue engendre un essoufflement.

Les massages

Le massage du foie

Le foie n'est pas directement accessible à un massage comme le sont les intestins par exemple. Il est caché sous les côtes qui le protègent ainsi des chocs extérieurs. Il est néanmoins atteignable dans la zone située au creux de l'estomac et sur le flanc droit en suivant le bord des côtes. En massant les tissus mous à ce niveau, c'est-à-dire en allant «chercher» le foie en enfonçant un peu les doigts sous les côtes, on a une action sur une petite portion de celui-ci, mais elle aura des répercussions sur l'ensemble du foie. **Le massage désengorge le foie congestionné et stimule son fonctionnement.**

Le massage consiste à poncer la zone en question. À l'aide de l'extrémité des trois doigts longs de la main gauche (ou droite), on effectue des pressions circulaires sur la zone hépatique. Au début le ponçage est superficiel et doux, mais avec le temps il devient plus profond et appuyé. Le massage est effectué pendant 2 à 3 minutes les premiers jours, mais sa durée augmente jusqu'à une dizaine de minutes par la suite.

Massage des zones réflexes plantaires

Les zones réflexes plantaires sont des petites surfaces du revêtement cutané sur la plante des pieds, auquel aboutit un nerf partant d'un organe du corps. **Chaque organe est donc relié à une zone cutanée bien précise sous le pied** (et également sur d'autres parties du corps : les oreilles, le dos…). À cause de cette liaison, la dégradation de l'état de santé d'un organe a une répercussion sur sa zone réflexe : elle devient sensible, voire douloureuse au toucher. Elle est d'autant plus douloureuse que les troubles que subit l'organe sont importants. Mais la liaison ne permet pas une transmission d'informations dans un sens seulement. Le massage d'une zone réflexe a pour conséquence une stimulation en direction opposée, vers l'organe qui lui est lié.

Le massage se fait à l'aide du pouce ou de l'articulation de la phalange de la main. Au début, la zone réflexe est poncée 2 à 3 fois par jour pendant quelques minutes seulement (2 à 5 minutes). Ensuite, on augmente progressivement la durée du massage, jusqu'à 10 ou 20 minutes.

Afin que les doigts glissent bien sur la zone et n'irritent pas la peau, il est bon d'enduire cette dernière d'une crème grasse. Les zones réflexes du foie et de la vésicule biliaire se trouvent sous le pied droit.

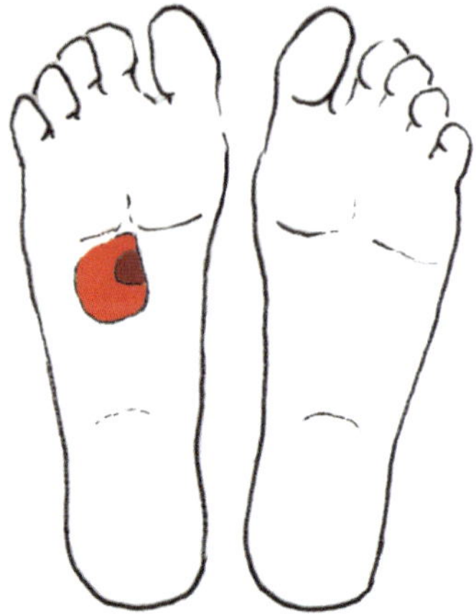

Les zones réflexes du foie.

EN PRATIQUE

On peut stimuler le foie de plusieurs manières :

- Le foie travaille à une température de 39 °C à 41 °C. **Une bouillotte d'eau chaude élève la température du foie et stimule son travail.**
- **En faisant de la gymnastique :** les flexions latérales et frontales du tronc compressent le foie. La circulation du sang s'y accélère, ce qui active son fonctionnement
- **En réalisant des massages,** localement, ou à distance par le ponçage des zones réflexes plantaires.

CHAP. 8

SOULAGER LE FOIE EN AGISSANT SUR LES INTESTINS

Il est aussi possible d'agir indirectement sur le foie par le biais des intestins. En effet, lorsque le transit intestinal est normal, le temps pendant lequel les toxines restent en contact avec les muqueuses intestinales est limité. Il augmente dès que le transit ralentit, et il est d'autant plus long que la constipation est forte.

Deux conséquences néfastes en résultent :

- *Beaucoup plus de toxines sont absorbées.*
- *Les muqueuses intestinales étant blessées par l'agressivité des toxines, celles-ci pénètrent d'autant plus facilement dans le sang pour être ensuite conduites au foie.*

Rétablir un transit intestinal normal

Une mesure importante pour contrecarrer ces deux méfaits consiste par conséquent à rétablir un transit intestinal normal, et peut-être même, pendant quelque temps, un peu supérieur à la normale.

Un bon transit intestinal diminue la quantité de toxines que le foie devra traiter, car celles-ci seront éliminées avant d'avoir pu être absorbées.

L'accélération du transit intestinal s'obtient de différentes manières :

Prise d'un laxatif

C'est-à-dire un remède qui accélérera la progression des selles dans l'intestin. Il peut s'agir d'une *plante médicinale* telle que la bourdaine, la casse ou la mauve. Une bonne vidange est obtenue avec une cure de 1 à 2 semaines. Étant donné le goût de certaines de ces plantes, il est préférable de les utiliser sous forme de teinture-mère. 15 à 50 gouttes, 3 fois par jour, avec un peu d'eau, avant les repas.

Prise de petit-lait en poudre

Une autre manière de stimuler en douceur la vidange des intestins est l'emploi de petit-lait en poudre (en vente dans les magasins bio). Le dosage est de 1 cuillerée à soupe de poudre dans 1 à 2 dl d'eau. On consommera 2 à 4 verres par jour, avant les repas ou entre deux comme en-cas. Augmenter ou diminuer le nombre de verres de petit-lait consommés en fonction des effets. Une cure de 1 à 2 semaines permet une bonne vidange des intestins. (Pour plus de détails, lire, du même auteur, *La Cure de petit-lait*.)

Prise d'un aliment remède riche en fibres

Les aliments remèdes que sont les graines de lin et le psyllium sont caractérisés par une haute teneur en fibres, sous forme de mucilage. Au contact de l'eau, ces fibres augmentent respectivement 5 et 10 fois leur volume initial ! Elles forment un gel mou, volumineux et humide qui favorise la progression des selles en stimulant le péristaltisme. Ces deux aliments remèdes ne remplacent pas une alimentation riche en fibres (céréales complètes, fruits et légumes), mais la complètent. Au choix :

- *Graines de lin :* 1 à 3 cuillerées à soupe par jour mélangées aux aliments, ou à une boisson. On peut aussi les mâcher quelques minutes, puis les avaler. Boire ensuite un grand verre d'eau.
- *Psyllium :* 2 à 3 cuillerées à café par jour de poudre de psyllium mélangées à de l'eau. Augmenter progressivement le dosage pour trouver celui qui est efficace pour vous. Boire un grand verre d'eau aussitôt le psyllium avalé.

Prise de fruits laxatifs

Certains fruits stimulent vigoureusement le transit intestinal. Une consommation quotidienne de ceux-ci soutient ainsi le travail d'élimination des intestins. Au choix :

- *Pruneaux secs :* 2 à 3 pruneaux ou plus à manger tels quels ou après les avoir laissés tremper une nuit dans un peu d'eau. Doser pour obtenir l'effet désiré.

- *Figues sèches :* 3 à 4 figues ou plus à manger telles quelles ou après les avoir laissées tremper une nuit dans un peu d'eau. Doser pour obtenir l'effet désiré.

EN PRATIQUE

Maintenir un bon transit intestinal soulage le foie.
Pour accélérer son transit intestinal, et ainsi soulager son foie, différentes possibilités existent :

- Laxatifs,
- Petit-lait en poudre,
- Aliment remède riche en fibres,
- Fruits laxatifs.

CHAP. 9

JE FAIS UNE CURE

Il existe de nombreuses possibilités de cure pour le foie qui combinent les différentes techniques de soin. Chacun peut trouver sa manière de procéder, en fonction de ses besoins. Nous allons présenter quatre exemples de cures différentes. Pour chacune, il sera spécifié pour quelles personnes elles sont indiquées et quels sont les effets.

AVERTISSEMENT

Pour toutes les cures, une réforme de l'alimentation est nécessaire. La suppression des aliments les plus nocifs (voir les aliments à supprimer, page 78) est suffisante pour les cures simples.

Pour les cures intensives, en plus de cette mesure, il faut suivre – autant que possible – une alimentation favorable au foie (voir page 80).

La cure simple (1 à 3 mois)

Indications : cette cure est indiquée pour les personnes désirant :

- faire quelque chose pour leur santé (prévention),
- se familiariser avec la détoxication,
- soulager un foie passagèrement engorgé par des abus alimentaires (après les fêtes par exemple).

État du foie :

- peu engorgé,
- en besoin d'un petit nettoyage.

Effets : détoxication et stimulation du foie.

La cure : elle comprend deux procédés de détoxication. L'un est la prise d'une plante médicinale pour le foie, l'autre est un procédé au choix parmi ceux proposés ci-dessous.

Plantes médicinales

- artichaut,
- dent-de-lion,
- radis noir.

Prendre le remède choisi selon les indications pages 100 à 103.

Soins complémentaires

Pour renforcer la détoxication du foie, compléter le traitement aux plantes par un des procédés suivants :

- bouillotte chaude, 1 fois par jour, le soir. Spécialement recommandé aux gens frileux,
- oligoélément soufre,
- massage réflexologique, 1 fois par jour, 5 à 10 minutes,
- apport vitaminique (levure de bière ou pollen de fleurs). La prise de vitamines est recommandée aux personnes fatiguées et qui manquent d'énergie.

La cure simple et longue (3 à 6 mois)

Indications : cette cure est indiquée aux personnes :

- souffrant régulièrement de digestions difficiles,
- supportant mal les graisses et les repas trop lourds.

État du foie :

- engorgé,
- fatigué et paresseux,
- faible.

Effets :

- décongestionne le foie,
- active son travail,
- fortifie le foie.

La cure : elle comprend la prise successive de trois plantes médicinales, associée à deux autres procédés de détoxication.

Plantes médicinales

Prise des remèdes *phytothérapiques* suivants, en changeant la plante tous les mois.

Par exemple :

- 1er mois : *artichaut,*
- 2e mois : *chardon-Marie,*
- 3e mois : *solidago.*

Prendre le remède choisi selon les indications pages 100 à 103.

N.B. : Si une plante est mal supportée (crampes, irritation des intestins…), la remplacer par une autre.

Soins complémentaires

Pour renforcer la détoxication du foie, compléter le traitement aux plantes par les soins suivants :

- eau minérale pour le foie : 1 à 1,5 litre par jour,
- apport vitaminique : faire une cure de levure de bière ou de pollen.

La cure intensive et courte (1 à 3 semaines)

Indications : cette cure est indiquée pour les personnes :

- surmenées et stressées,
- qui mangent trop et mal,
- qui abusent d'alcool et d'excitants.

État du foie :

- fortement engorgé,
- surmené et affaibli.

Effets : assainissement significatif, mais incomplet du foie (car la cure est courte).

La cure : elle comprend la prise d'une plante médicinale pour le foie, associée à cinq procédés de détoxication visant à favoriser le nettoyage du foie.

Plantes médicinales

Choisir une des trois plantes suivantes :

- romarin,
- dent-de-lion,
- radis noir.

Prendre le remède choisi selon les indications pages 100 à 103.

Soins complémentaires

Pour renforcer la détoxication du foie, compléter le traitement aux plantes par les soins suivants :

- alimentation : manger généreusement des légumes soufrés,
- bouillotte chaude, 3 fois par jour,

- oligoélément soufre,
- massage réflexologique 2 fois par jour, 5 à 15 minutes,
- apport vitaminique : levure de bière ou pollen de fleurs.

La cure intensive et longue (1 à 3 mois)

Indications : cette cure est indiquée pour les personnes :

- ayant une faiblesse chronique du foie,
- souffrant en permanence de problèmes digestifs,
- supportant mal les graisses et les repas lourds.

État du foie :

- fortement engorgé,
- fortement surmené.

Effets :

- décongestionne le foie,
- fortifie le foie,
- régénère le foie.

La cure : elle comprend la prise successive de trois plantes médicinales pour le foie, associée à cinq procédés de détoxication visant à nettoyer et régénérer le foie.

Plantes médicinales

Prise des remèdes phytothérapiques suivants en changeant la plante tous les mois. Par exemple :

- 1er mois : *dent-de-lion,*
- 2e mois : *fumeterre,*
- 3e mois : *artichaut.*

Prendre le remède choisi selon les indications pages 100 à 103.

N.B. : Si une plante est mal supportée (crampes, irritation des intestins…), la remplacer par une autre.

Soins complémentaires

Pour renforcer la détoxication du foie, compléter le traitement aux plantes par les soins suivants :

- oligoélément soufre,
- bouillotte chaude, 1 fois par jour, le soir,
- massage réflexologique 1 à 2 fois par jour, 5 à 15 minutes,
- apport vitaminique : levure de bière ou pollen de fleurs,
- gymnastique pour le foie, flexions.

EN PRATIQUE

En fonction de ses besoins et de l'état de son foie, on peut opter pour **une cure simple ou intensive, d'une durée plus ou moins longue.**

Chacun peut trouver sa manière de procéder, en fonction de ses besoins, et choisir **la cure adaptée, combinée avec les autres procédés pour stimuler le foie** (plantes hépatiques, bouillotte, gymnastique, massages…).

Pour toutes les cures, **une réforme de l'alimentation est nécessaire**, avec au minimum la suppression des aliments les plus nocifs.

C'EST FINI LES SOUCIS, C'EST PARTI L'HARMONIE !

Dans la collection C'EST FINI ! C'EST PARTI vous aimerez aussi :

128 pages — C'EST FINI ! C'EST PARTI — Prix : 6,90 €

Dépôt légal : avril 2016
Achevé d'imprimer par Finidr en avril 2017
Imprimé en République tchèque